介護事業者のための児童デイサービスの始め方

田中卓
TANAKA SUGURU

幻冬舎MC

はじめに

団塊世代の約８００万人が後期高齢者となる２０２５年を迎えるなか、介護事業者の倒産が増加しています。２０２０年の老人福祉・介護事業倒産は１１８件に達し、介護保険法が施行された２０００年以降過去最多を更新しました（２０２０年東京商工リサーチ調査）。２０２1年は新型コロナ関連の資金繰り支援が奏功し倒産は81件にとどまりました。しかし、２０２２年以降は長引くコロナ禍の影響で、利用者数の回復遅れや感染防止対策へのコスト負担、人手不足などが経営を圧迫して、老人福祉・介護事業者の倒産件数は再び増加傾向にあります。

介護報酬や介護保険制度は創設から20年余りで大きく変貌しました。「高齢者介護事業は儲かる」といわれた時代もありましたが、それも今は昔。現在は社会保障費の財源の限界もあり、報酬のマイナス改定が続いています。

かくいう私も年々経営が厳しくなっていると実感している事業者の一人です。私は

2007年に両親の訪問介護事業を受け継いで以降、地域のニーズに応えてデイサービスやサービス付き高齢者向け住宅、有料老人ホームなど多角化を図ることで事業を拡大してきました。しかし、それも近い将来を考えたときに、根本的な課題解決には至っていないという危機感がありました。なぜなら増え続ける人件費や物価高、コロナによる経費負担増を今後の報酬改定で大幅に改善できる見通しが立たない限り、現状のビジネスモデルでは経営改善が見込めないからです。事業所を増やして収入増を図る方法も自治体の総量規制があるため容易ではありません。いくら介護事業を通じて高齢者や社会を支えるという使命感や社会的意義が高くても、それだけで事業は維持できないのです。

「福祉の経験や知見を活かして安定的な経営や企業成長をしていける方法はないだろうかと模索するなかで、たどり着いたのが児童デイサービスです。

児童デイサービスとは発達に遅れや特性がある子どもを対象に、日常生活における基本動作や知識技能の習得の支援をするための福祉サービスです。発達障がいを抱える児童は2012年～2020年の9年間で6・5倍にも増えており、国も制度整備や加算報酬を手厚くするなどの対策で児童デイサービスの再編に力を入れています。

私の息子もいわゆる発達障がいと診断されており、「息子と同じような生きづらさを感じている子どもたちの助けになりたい」「何か自分たちの経験を活かして貢献したい」という気持ちもあって、2020年2月に札幌で児童デイサービスを開業しました。

介護事業者が児童デイサービスを開設することにはさまざまなアドバンテージがあります。例えば介護で行う面談やアセスメント、ケアプラン立案などのオペレーションは基本的な考え方やポイントを児童支援にも活用できるため、スタッフの配置転換や兼務などにより人件費や採用費を節約することが可能です。さらに、現状の介護施設に空きスペースがある場合は、そこに児童デイサービスを併設することで家賃を抑える手もあります。つまり、少ない初期投資かつ短期間で事業を軌道に乗せることができるのです。

本書では私の経験を基に、介護事業者が児童デイサービスを開設するために必要な考え方を解説します。私が失敗を繰り返すなかで事業計画や収支計画、運営方法、人財育成などをどのように練り上げていったかをお話しすることで、読者が「それぞれの最適解」を導き出すヒントになれば著者として望外の喜びです。

社会貢献と安定収益を両立する　介護事業者のための児童デイサービスの始め方　目次

［第2章］　介護事業のリソースは児童福祉に活かせる

「高齢者介護×児童デイサービス」のアドバンテージ

［第4章］理念を明文化し発信することで
児童デイサービス事業はさらに盤石になる

［第1章］

社会ニーズが高まる「児童デイサービス」

介護事業者に圧し掛かる経営難とコロナ禍

２０００年の介護保険制度のスタートから20年余りが経ち、介護事業者の多くが経営の岐路に立っています。東京商工リサーチの調査を見ると、介護事業者の倒産は２０１２年を境に増加傾向となっています。休廃業や解散も増えており、２０２０年には４５５件と過去最多を更新しました。

経営難の原因は、言うまでもなくコスト負担増と人手不足です。実際に私の周りを見ても、高齢者からのニーズはあるのに人手不足で受け入れができないジレンマを抱えている事業者や、介護報酬が引き下げられる前の経営から現状に即した経営への変革ができておらず、業績悪化している事業者が増えていると感じます。この10年で勝ち組と負け組の格差が広がったというのがリアルな実感です。

以前からある経営課題に加えて、ここ数年は新型コロナ禍が介護事業者を襲いました。感染予防のためにサービスの利用控えが起きて事業収入が低下しただけでなく、介護スタッフは終わりのない感染対策やクラスター発生のリスクに疲弊しています。経営の明るい未来が見えないなかで、事業意欲が低下している経営者もいるかもしれません。

読者のなかにも「このまま事業所を続けるか、いっそ畳んでしまおうか」とギリギリの選択を考えている経営者もいると思います。しかし、私たちの「福祉」という仕事は経営者の考えだけで簡単に辞めることのできない仕事です。なぜなら事業所が閉鎖になれば介護難民が出てしまうからです。私益のための事業ではなく公益性の高い事業だからこそ「どうにか続けていける打開策はないか」と頭を悩ませ、生き残る道を必死で模索している経営者が多いに違いないのです。

情熱や使命感があれば経営できる時代は過ぎた

介護保険法は2000年の施行以来、そのときどきの状況に応じて改正が重ねられてきました。さまざまな時代の変化に即したものである一方、当初に比べて制約や義務が増え、報酬制度が厳しくなるなど、介護事業者にとっては対応に苦慮する内容が少なくありません。特に制度開始直後に事業を始めた人たちのなかには、経営について必ずしも詳しいわけではないものの、地域の高齢者の力になりたいという使命感とバイタリティーで事業を推し進めてきたという人も多く、制度の厳格化に伴って経営が成り立たなくなるという例が増えています。

私の母がまさにそのタイプでした。母は看護助手として勤めていた病院を退職後、当時はまだ留萌市になかった訪問ヘルパーを始め、介護保険制度開始以前から地域の高齢者のケアをしてきました。そして2000年の介護保険制度の創設と同時に訪問介護事業を立ち上げたのです。

母は経営に疎く、会社経営経験のある父に経営者になってもらって、自分はケアマネージャーとして現場仕事に専念しました。当時の社員は創業前からのヘルパー仲間が数人だけで、家族経営のような会社でした。

人に尽くすことが好きな母にとって、介護は天職だと思います。困っている高齢者がいると365日オンコールで訪問して介護をしたり、デイサービスが休みの日に利用者が間違って来てしまったときも「どうぞ中に入って」と受け入れてしまうなど、高齢者のためなら自己犠牲もいとわないところがあります。それが母の美徳であり、会社が地域で長く愛されてきた理由なのですが、経営的には採算が合わないことも出てきました。当時は会社の規模も売上数百万円ほどと小さく、多少の持ち出しがあっても赤字にまではなりませんでした。だからこそ母はコストをあまり気にせず誠心誠意、地域の高齢者に寄り添うことができた面もあるのです。

しかし、私が２００７年に会社を引き継いだのち、２度にわたる介護報酬のマイナス改定が行われたことでそれまでよりも利益を出しづらくなりました。そのため、しっかりと経営に向き合って、赤字を出さないよう合理的に判断していかなければ事業を継続できなくなったのです。

事業拡大の難易度が高まり、生き残りはさらに過酷

介護事業者が経営安定化や企業成長するためには、まず事業拡大に着手することが有効とされています。デイサービスと訪問介護と高齢者住宅のように関連する介護事業を横展開することで収益源を増やすという考え方です。私も経営者になって以降、経営の安定を図って事業拡大を推し進めてきました。

新たに特定施設入居者生活介護事業や福祉用具のレンタル・販売事業などを始め、

２０１１年には留萌市の隣の増毛町で移動支援事業を開始しました。２０１６年からは札幌市に進出し、サービス付き高齢者向け住宅や介護付き有料老人ホーム、リハビリデイサービスなどを行っています。そうして事業拡大を進めてきたのですが、拡大に伴い、新たに考慮しなければならないことも増えてきました。

介護サービスには自治体による総量規制があり、常に事業者側の経営判断のみで施設を新設できるわけではないことや、住宅事業は特に建物や設備などの初期投資が大きく、資金調達のハードルがあることなどが主な理由です。介護報酬がコスト増を解消するほどプラス改定されればよいのですが、国の財源を考えれば今以上に介護報酬を捻出することは難しく、われわれ事業者の存続がさらに過酷になっていくことは必然でしょう。

介護保険制度の変化に左右されない、次なる事業を構築する必要性

介護事業だけで利益を出すことが難しくなっている現状で、今後も介護一本でやっていくというのは非常に高リスクです。他社とのサービスの差別化ができて利用者から多くの支持を得て、同時にＩＴツールを駆使してコスト抑制するなどができれば、高い収益性

を出して安定的に経営していけるかもしれません。しかし、介護事業は人員基準や運営基準が法令で定められており、特色を出しにくいといわれています。「温かい介護」「優しいスタッフ」はどこの事業所でも打ち出していることですから、特別な強みにはなり得ません。むしろ、打ち出すまでもなく当然期待されるものです。

しかし、差別化ができないから今のままでよいという話ではないのです。新しい価値を生み出すことができなければ事業はいずれ成り立たなくなり、地域からの撤退を余儀なくされます。これは地域に介護難民を生み、地域崩壊にもつながる深刻な問題です。中高年になれば医療や福祉が整っている地域に住みたいと考えるものであり、老後のケアが十分受けられない地域から人は離れていきます。そうなると地域の過疎化や空洞化を招くことにもなります。

地域の高齢者を介護難民にさせないためには、われわれ事業者が将来を見通して新規事業を見つけて開拓し、事業全体を複数の柱で支える形にして太く強く育てていく必要があるのです。「介護事業にのみ依存する体質からの脱却」こそが、今やるべき最優先課題である――私はそう考えて、新規事業の掘り起こしに挑みました。

新規事業を模索するなかではさまざまな壁や失敗がありました。例えば高齢者向けのサプリメントや漢方の販売を検討してみたこともあります。現状のサービス利用者に対して、一般の薬局やドラッグストアでは扱っていない希少性が高く効果の確かな商品を紹介できればニーズは確実にあると考えました。これはわれながら良いビジネスモデルになると思い、事業化に向けてリサーチを始めたのですが、結局実現はできませんでした。というのも、サプリメントや漢方の取扱業者の選定や仕入れルートの開拓、在庫管理の方法など物販に必要なノウハウや人脈が私にはなかったからです。これらを一から構築することは難しく、時間も掛かるため、諦めるほかありませんでした。

ほかにも在宅介護のための宅配クリーニングサービスやヘルパー同行で要介護でも行ける旅行ツアー、また目線を変えて、健康な50代~60代をメインとした介護予防のためのフィットネス事業なども考えました。今ある経営資源を活用して始められ、他社にはあまりないサービスという視点は良かったのですが、いずれも事業に必要なピース（人財や営業資格など）がそろいませんでした。

「次こそは」と思っても頓挫することが続き、良いアイデアを思いつくことと、それを実現することの間には大きな隔たりがあると思い知りました。早く新規事業を見つけて経営強化をしなければという焦りばかりが募った日々だったのです。

発達障がい児のためのデイサービスが活況

次の一手を考えあぐねていた2018年、経営者同士の交流会で、発達障がい児向けの児童デイサービスの需要が全国的に高まっているという情報に私のアンテナが反応しました。

児童デイサービスとは、心身に障がいのある子どもたちが通う施設です。発達障がい児のほかにも肢体不自由児や精神障害児、医療的ケア児（人工呼吸器や胃ろうなどを使用し、痰の吸引や経管栄養などの医療的ケアが日常的に必要な障がい児）などを対象にしている事業所があります。

児童デイサービスでは、さまざまなトレーニングや他者との触れ合いを通して、子どもたちが日常生活における基本動作を身につけたり、遊びを通して発達を促したり、集団生活に適応できるスキルを伸ばしたりといった支援が行われます。

私自身、息子が2歳のときに発達障がいと診断されていて療育は課題の一つでした。そこでさっそく児童デイサービスについて調べ、新規事業としての可能性を検討してみたのです。また経営者サークルの先輩が児童デイサービスを始めていたので、その事業内容や経営状況、地域の需要と供給のバランスなどもヒアリングしました。すると、次の4つのことが分かってきました。

1つ目は発達障がいと診断される子どもが全国的に急増しており、民間の児童デイサービスが増えているもののまったく数が足りていないこと、2つ目は地域によって事業所の数に格差があること、3つ目は事業所によってサービスの内容や質がさまざまであること、4つ目は経営的な将来性が高いことです。

社会的ニーズの高さに供給が追いつかない現状

厚生労働省の資料によると、児童デイサービス事業者数は2014年から2019年の5年間で約2・4倍に増えています。また、利用児童数は同じ5年間で約11万人から約33万人へと3倍に増えています。

【図表１】児童デイサービス事業者数

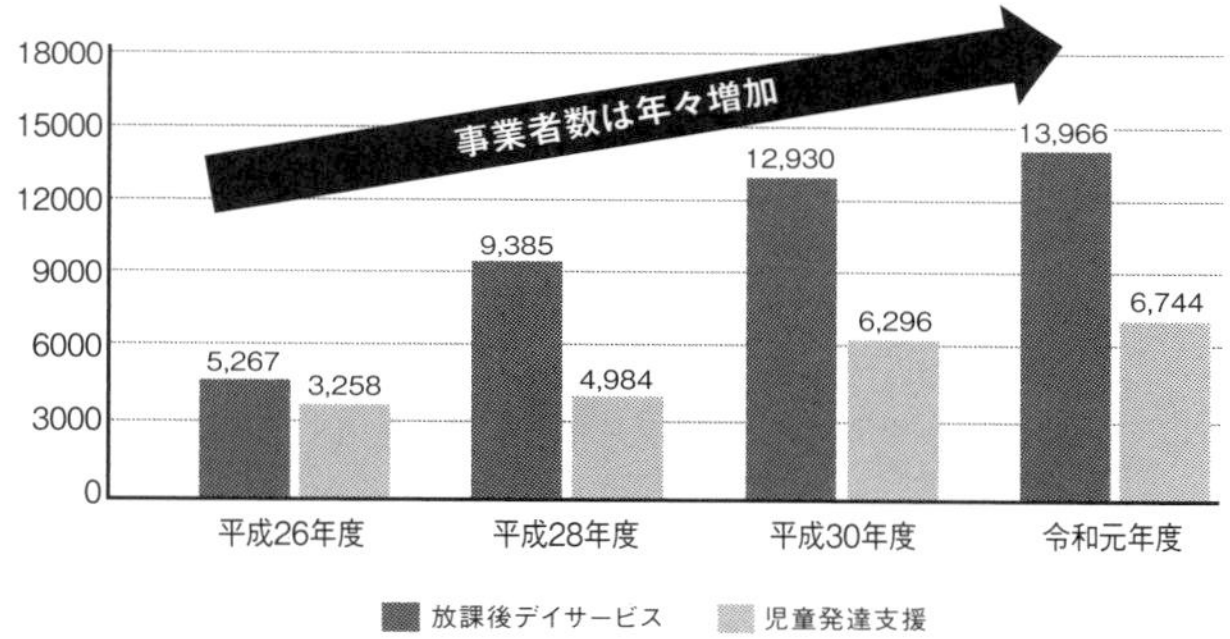

出典：厚生労働省（平成 29 年 社会福祉施設等調査の概況）、厚生労働省（障害福祉サービス、障害児給付費等の利用状況について）

この数字の動きから児童デイサービスは開設したそばから利用児童で埋まっていき、需要過多＝供給不足にあるということが読み取れます。

児童デイサービスのこの顕著な数字の伸びを見て、私はかつての高齢者デイサービス業界とよく似ていると感じました。高齢者デイサービスは介護保険制度スタート後の２０００年代に大きく事業所数を伸ばし、市場の高いニーズによって活況を呈しました。当時は開設すればすぐに定員が埋まってしまったものです。それと同じことがまさに今、児童デイサービス業界に起こっているといえます。

【図表２】 発達障がい児の数

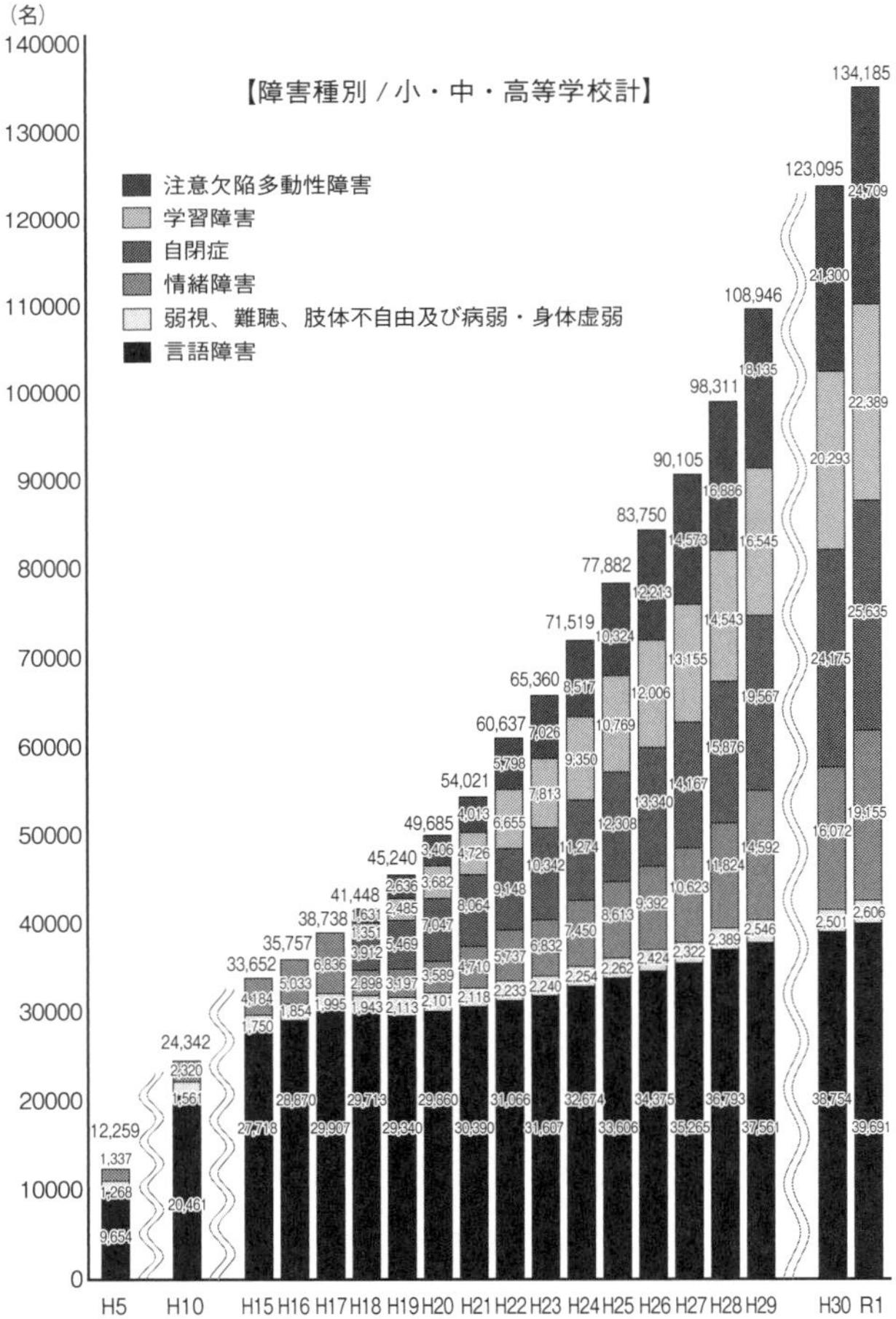

出典：厚生労働省（平成 29 年 社会福祉施設等調査の概況）、厚生労働省（障害福祉サービス、障害児給付費等の利用状況について）

増える発達障がい児　20年で7倍、13万人超に

なぜ児童デイサービスの需要が右肩上がりなのかというと、発達障がいと診断される子どもが増えているからです。図表2のデータで確認すると、この20年で約7倍に増加し、2019年には13万人を超えています。

昔は発達障がいという認識や診断基準がなく、「変わった子」「落ち着きのない子」と見なされていたケースが多かったのですが、今は発達障がいとして診断されるようになりました。

この風潮に対し、私自身は違和感をもっています。人は誰でも違うものであり、だからこそさまざまなコミュニケーションの形があるはずなのに、一律的なコミュニケーションの枠に収まらない人を安易にレッテル貼りする傾向を助長している側面があるためです。集団に馴染みにくい特性のある子を遠ざけず、適切に対処するための診断であるはずが、かえって線引きを強めている可能性が懸念されます。

発達障がいの症状の程度には強弱があり、はっきりとした境界も存在しません。しか

し、これまでは障がいとは見なされなかったような軽症例にも診断名が付けられるようになっています。これは軽症であっても生活上の困難がある場合、支援へ適切につなげなければ二次障がいを招く恐れがあるため、支援対象にすべきだという考えが普及したからです。そうしたことが発達障がいの診断数を増加させたものと見られます。

発達障がいの子どもについては、幼児期などの成長段階のなるべく早期から専門的な療育を受けることが、本人の可能性を広げるうえでも、また人間関係がうまくいかないことによるストレスでうつ病を発症するなどの二次障がいを予防するうえでも、大事になってきます。

共働きが増えたことも療育ニーズが高まる一因

母親の就業率が上がっていることも、児童デイサービスの必要性を高める要因の一つとして挙げられます。厚生労働省の「障害児通所支援の現状等について」によると、20～44歳の女性の就業率は2008年から2019年にかけて約10％上昇し、それに伴って保育所や放課後児童クラブの利用児童数も増えています。発達障がいの子をもつワーキングママにとって、児童デイサービスは就業中に子どもを預けることができ、その子に合った療育も受けられる理想的な場所なのです。

しかしながら発達障がい児の数に対して事業所の数が足りないため、順番待ちが生じている地域が少なくありません。実際、私も息子の療育先を探しましたが、自治体の療育センターはキャパシティに対して利用者が多く、数カ月に1回しか予約を入れることができませんでした。民間でやっている事業所もありますが、距離が遠かったり、専門的な療育を受けられる環境ではなかったり、地域によっては事業所の選択肢がなかったりすることもありました。

希望する親子にスムーズに療育を行き渡らせるためにも、質の良い児童デイサービスの整備拡充が喫緊の課題です。

法改正によって児童デイサービスの需要増が加速

児童デイサービスの整備拡充については政府も本腰を入れています。2012年4月1日には発達障がいに関わる法律（障害者自立支援法と児童福祉法）の一部が改正されました。

発達障がいは精神障がいのなかに含まれますが、改正以前はそのことが明文化されていませんでした。そのため発達障がいのある子どもたちは福祉の対象外と思われてしまうことがあり、本来受けられるはずの福祉サービスを受けられないことも多かったのです。発達障がい者が障がい者の範疇《はんちゅう》に含まれることが法律で明示されたことで、自立支援サービスなどを受けやすくなりました。

社会的な必要性の高まりと国の施策という2つの推進力に後押しされる形で児童デイサービス業界は急拡大しており、今後さらに伸びていくことはまず間違いありません。

事業者に必要なのは「公益性と収益性」の両立

これまで介護事業で地域に貢献してきた事業者にとって、この先の事業展開を考えるときに絶対に外せない条件が、公益性であり社会貢献の姿勢です。私も含めて福祉業界の人間の多くは「地域の福祉ニーズに応えたい」「困っている人たちの役に立ちたい」という動機をもち、理念の軸としています。

児童デイサービスは公益、社会貢献の観点からいって社会の役に立つとともにやりがいのある仕事だといえます。専門的な支援によって発達障がいをもつ子どもたちが生きやすくなり、笑顔が増えていきます。例えば、今まで癇癪《かんしゃく》やパニックを起こして気持ちのコントロールがうまくできなかった子が自分でクールダウンの方法を覚え、感情をコントロールできるようになるなどです。そうやってできることが増えるとともに苦手なことが減っていけば、その子の将来の可能性が広がります。この事業は「子どもの未来をつくる事業」なのです。

また日々の子育てに迷い、わが子の将来を心配している保護者にも寄り添うことができます。発達障がいの子をもつ親には「自分の子育てが間違っているのではないか」「障がいのある子に産んでしまって申し訳ない」などと自分を責めている人が少なくありません。そういった保護者の相談相手になり、療育の専門家として一緒に子育てに関わっていくことで、保護者は肩の荷を少し下ろすことができるのです。そうすれば笑顔で子どもに接する余裕も生まれてきます。

私の運営する児童デイサービスでも「支援のおかげで、やっと子育てを楽しめるようになった」「この子の良いところがいっぱい見つかってうれしい」という声をよく聞きます。

公益性とともに事業者にとって大事なのは「収益性」です。ここでいう収益性とは「儲ける」「私益の追求」という意味ではなく、「事業継続に必要な利益を得る」とか「質の高いサービスの対価として正当な利益を得る」といった意味です。

福祉事業は助けを必要としている人に寄り添う尊い仕事であり、大きなやりがいもありますが、それだけでは事業は成り立ちません。いくら高い理想や心の充足感があったとしても、利益がなければ社員に給料も出せませんし、設備投資もできず、いずれ破綻することが目に見えているからです。

こうした事態を避けるためにも、福祉事業はきちんと利益を追求するべきです。福祉という言葉にはどこか無償の善意であったり、清貧の行いであったりというイメージがつきまといがちですが、ビジネスとして成り立たず十分なサービスが提供できない状態ではそもそもの目的を果たせません。社会への貢献を継続しようという高い志がある以上、顧客の支持を得続ける事業を創造し、強い経営基盤をつくっていくことは極めて重要です。この考え方のシフトができずに自分を犠牲にする経営を続け、ジリ貧の現状から脱却できずに地域から撤退するというのは、無責任ですらあります。

厚生労働省の「令和2年障害福祉サービス等経営実態調査結果」「令和2年度介護事業経営実態調査結果の概要」によると、2019年度の放課後等デイサービス（小中高校生が通う児童デイサービス）の収支差率は平均10・9%となっています。介護事業（全サービス）の収支差率が平均5・9%なので、かなり収益性が高いことが分かります。「福祉としての公益性」と「事業としての収益性」の両方を兼ね備えた児童デイサービスは、介護事業者にとって理想的な2つ目の事業の柱となり得るのです。

私の実績でいえば、2022年10月に札幌で2カ所目となる事業所をオープンしました。また、わが社とフレンドシップを結んだ事業者による事業所も間もなく2カ所開設する予定です。それだけ地域の要望が高く、事業的にも順調であることが分かってもらえると思います。

［第2章］

介護事業のリソースは児童福祉に活かせる「高齢者介護×児童デイサービス」のアドバンテージ

介護事業者が児童デイサービスをやるからこそ意味がある

児童デイサービスの需要増によって、新しいビジネスチャンスとばかりに異業種からの新規参入が増えていますが、必ずしも運営がうまくいっている事業者ばかりではありません。福祉のノウハウや経験がないためにスタッフが成長していない、利用者に合わせた個別のアセスメントや支援計画が作れない、保護者との信頼関係が築けないなど、さまざまな問題が起きているのです。

その点、介護事業者は児童デイサービスの運営者として適格です。なぜなら高齢者福祉も児童福祉も同じ事業領域としてとらえられるからです。支援を必要としている方を支援するという仕事において、最も大事なマインドや素養がベースにあるのとないのとでは提供できるサービスの質や内容が大きく違ってきます。福祉というものを熟知している介護事業者のほうが、地域や利用者が何を求めているかに対する感度が高く、相手に寄り添った質の高いサービスが実現できるのです。

また介護事業で培った経験や人財、強み、仕組み、ノウハウなどがすでにあり、その多くが児童デイサービスに応用できる点も有利です。私が運営している児童デイサービス事業も、20年前から積み重ねてきた介護事業でのノウハウや仕組みをベースに発達障がい児向けに改良していった結果出来上がったものです。

さらに、介護事業で地域に貢献してきたという実績は、児童デイサービスの利用者に対しても安心と信頼をもたらします。保護者がデイサービスを選ぶ際、まったく名前も見たことがない事業者より、地元に定着している事業者のほうが信頼できるのは当然のことです。一から市場開拓をしなければいけない異業種の事業者に比べて、地域の高齢者福祉に貢献してきた事業者はアドバンテージが大きいのです。

発達障がいは、障がいと個性の境目が分かりづらい

では、私の事業所で支援対象としている発達障がい児について、具体的にどういう子どもたちが通所しているのか、また、事業所ではどんな支援サービスを提供しているのかを説明していきます。

発達障がいは障がいと個性が複雑に絡み合っていて、本人にとっても自分が何に対して

どう困っているのかが分かりにくい障がいだといわれています。また障がいの程度や特性の個人差が大きく、その子によって困りごとは千差万別です。

例えば、発達障がい児のなかには融通が利かないという特性をもつ子が結構な割合でいます。いつも朝ご飯はパンと決めているのに、たまたまその日はパンを切らしていて、お母さんが代わりにおにぎりを出したとします。すると、その子はルーティーンが狂うことに対応できず癇癪を起こして泣きじゃくったり暴れたりすることがあります。しかし、それが脳機能の問題でそうなっているのか、本人のもともとの性格が頑固なのかは判別が難しいところです。発達障がいでなくても頑固な性格の子はいますし、これと決めたら譲らないというのは場面によっては必ずしも悪いことではありません。

ただ、本人が融通の利かなさのために毎日の生活がうまくいかなくて困っている、本人が不利益を被っている（集団からの孤立など）という場合、それは生きづらさとして本人を苦しめます。また一日に何度も癇癪を起こしているような場合は、本人だけでなく家族や周囲の人々をも苦しめます。

発達障がい児の支援では、障がいを脳の働き方の違いとしてとらえ、その子どもを一人の人間として丸ごと受け止めます。そして本人の生きづらさをトレーニングや支援によって軽くしていく取り組みを行います。

児童デイサービスには「児童発達支援」と「放課後等デイサービス」がある

発達障がい児を支援する通所施設には、未就学児が通う児童発達支援と就学児が通う放課後等デイサービスがありますが、この2つを合わせて児童デイサービスと呼んでいます。

児童発達支援は2歳以上の未就学児であれば何歳からでも、放課後等デイサービスは小学生～高校生であれば何年生からでも、また年度の途中からでも本人や家庭の都合の良いときに開始することができます。

一般的に児童発達支援には2～3歳から通い始めるケースが多いのですが、親や保健師など周りの大人たちが「この子はちょっとほかの子と違うようだ」と気づき始めるのが、だいたいその年頃なのです。幼児検診の際に医師から発達上の問題を指摘されて、わが子に支援が必要なことに気づくケースもあります。知っておきたいこととしては、病院で発達障がいの診断を受けていなくても、その可能性がある、いわゆるグレーゾーンの子どもたちも児童発達支援に通うことができるということです。

放課後等デイサービスには小学生～高校生の子どもたちが放課後や休日、長期休暇中に通所してきます。発達に遅れや課題がある子どもは小学校入学の際に普通学級と支援学級のどちらが合っているのかを決めることになりますが、そのタイミングで通所を開始するケースが多いです。

児童デイサービスの通い方については個々で違い、毎日来る子もいれば週に数回の子やほかのデイサービスと併用している子などもいます。また本人の成長や自立度が上がって特別な支援が必要なくなれば、児童デイサービスから卒業していくこともあります。発達障がいは状態や程度が千差万別で一人ひとり違いますが、小学校から中学に上がるあたりで支援のあり方が変わり、通所利用を終えていく子もいます。あるいは中学生からは学習面に力を入れたいということで、デイサービスから学習塾などへシフトしていくケースも見られます。

児童支援とはその子の発達に合わせた支援をすること

支援を開始する際にはまず支援プランを立てますが、これは個々の発達状態や障がい特性を見極めたうえでそれぞれ個別につくります。

その子の特性に合わせてできることを増やしたり、隠れている力を引き出したりといったことを、プログラムを通して、また普段のスタッフとのやりとりを通して行っていくのです。例えば言葉によるコミュニケーションが苦手な子は発音の仕方を専門的なプログラムで訓練したり、スタッフとの会話のなかでコミュニケーションの取り方を学んだりしていくといった具合です。

支援を行う対象は児童本人だけではなく、保護者も含まれているというのが忘れてはならない重要な視点です。そのため、児童デイサービスのスタッフは保護者との面談や日頃の対話を通して家庭環境や成育歴にも目を向け、保護者の不安に寄り添ったり助言をしたりといった関わり方をしていきます。

発達特性のある子を早期支援することの重要性

発達障がいは早期発見・早期支援が重要だとされています。特に乳幼児期は言葉の発達をはじめとしたコミュニケーション能力や対人関係、社会性が育つ時期です。また学校での学習や集団生活に入っていくための基盤をつくる時期でもあります。この大事な時期に適切な支援が受けられないと、勉強についていけない、友達ができにくい、いじめの対象になりやすいなど、その後の学習面や生活面で困難を抱えやすくなることが分かっています（国立特別支援教育総合研究所研究紀要 2010年 第37巻）。学校生活にうまく適応できないことでメンタル不調になったり、不登校や非行などの問題が起きたりといった二次障がいに発展することもあります。いくつもの困難が重なることで事態がこじれていけば、本人の将来の進路や自立にも影を落とすことになりかねません。

こうした苦悩や二次障がいを予防するためにも、早期から本人の発達段階に応じた支援が重要になってきます。

早期発見については1歳6カ月児、3歳（3歳6カ月）児健診の受診率が高いことや、発達障がいの診断ガイドラインが確立したことで、幼児期のうちにその可能性が発見されやすくなっています。早期支援についても、本人が小さいうちから専門的な支援を受けさせたほうがいいという考えが、子育て世代を中心に浸透しています。

営利のみを目的とした参入でさまざまな問題が起きている

児童デイサービスは「障がい児の学童保育」とも呼ばれ、全国で開設が盛んになっています。その一方で、営利のみを目的とした事業者による参入も増えており、問題が出てきているのです。

児童デイサービスの開業には自治体の許可が必要で、今ある事業者はその許可を受けて運営をしているはずなのですが、なかには法定人員を守らない、不正請求、サービスの質が悪いなどの実態があります。

事業者が得る報酬は基本報酬に加えて適正な職員配置をすると加算ができる仕組みになっており、職員数が不足している場合はその分の報酬を減額請求しなければなりません。しかし職員数を水増しして加算請求したり、減額請求しなければならないのに無視したりして行政処分を受けた事業所が2012年4月から2020年11月までの間に、全国で179事業所もあったのです。

児童デイサービスをはじめとする福祉事業は、その多くが公費で賄われており、そこに目を付けた事業者が金儲けだけを目的に参入してくる例があとを絶ちません。インターネットを検索すれば開業を勧めるコンサルタント会社もたくさん見つかりますが、とても誠実に福祉を考えているとは思えないホームページも散見されます。特に福祉や保育経験のない業者による参入は、児童デイサービスが金儲けの餌食になるリスクが高いという指摘がなされています。

児童をただ遊ばせているだけの事業所も……問われるサービスの質

児童デイサービスは支援を目的とした施設であるにもかかわらず、テレビを見せているだけ、ゲームを渡して遊ばせているだけの事業所があるということもよく耳にします。トイレなどの水回りが汚れている、訓練室に物が散らかっているなど衛生的に問題のある施設も実際に見たことがあります。

サービスの質低下については国もたびたび問題視しており、2017年4月に施行の「放課後等デイサービス指定基準等の改正」では、不適切または質の低い支援について見直しを行いました。また2020年には厚生労働省の障害福祉サービス等報酬改定検討チームにおいて「改善を要する事案がある」とされ、2021年からは「障害児通所支援の在り方に関する検討会」において「障害児通所支援が担うべき役割や機能、対象者など、今後の障害児通所支援の在り方について」の検討を重ねています。

児童へのわいせつ行為や虐待の問題も起きています。この問題の背景には事業所の急増でスタッフの確保が急務となり、資格をもたない者をアルバイトで雇ったり、十分なスタッフ教育をしないまま現場に立たせたりしていることがあるといわれています。

児童デイサービスの数が増えても、肝心のサービスの質が悪ければ保護者は安心して子どもを預けることなどできるはずがありません。私も子どもをもつ親として、また児童デイサービスを経営する当事者として、質の悪い事業者が増えていることには危機感を覚えます。

こういった悪事が続けば業界全体が社会の信頼を失ってしまうことになりかねません。

介護保険制度が施行された当初、お金の匂いを嗅ぎつけた企業が高齢者介護事業になだれ込み、ルール違反を犯したことで介護報酬引き下げなどの対策が取られた過去が思い出されます。児童デイサービスもその轍を踏むことになってはいけません。

わが子を通わせたいと思える児童デイサービスとは？

私が児童デイサービスを開業したのは、多角化による事業安定という理由もありましたが、もっと根源的な動機として「モラルの低い事業者を見過ごしてはならない」という使命感がありました。自分が事業所をつくって運営し、ルール破りをしなくても事業として成立できることや、すべきことをすれば利用者だけでなく事業所の社員も幸せにできることを証明したいと思ったのです。

私自身が発達障がい児の親であり、既存の支援サービスのなかには自分の子どもに受けさせたいサービスが少なかったことも、「理想の児童デイサービス」を追求しようと思ったきっかけです。自分の子どもに受けさせたい支援を実現することができれば、同じように発達障がいの子どもをもつ親たちをいくらか助けることができ、地域の福祉に少しでも貢献できると思ったのです。

こうした個人的な事情と新規事業を模索していたという経営上の理由がタイミング的にも一致して、私は２０２０年２月に札幌で児童デイサービスを開設するに至りました。


私は新しく児童デイサービスを立ち上げるにあたって、子どもたちが楽しく通いながら個性を伸ばせることや、どんな施設なら保護者の期待に応えられるかをテーマにコンセプトや提供するメニューなどを考えていきました。

利用者目線での施設づくりについては、これまでの高齢者介護での経験を応用したり、当事者である私や妻、息子の目線から想像を広げて世間のニーズを考えたりしながら進めていきました。やはり最も重視するのは専門的な支援がしっかりと受けられることです。子どもを遊ばせているだけ、スタッフが見守っているだけの施設には絶対にしないと決めていました。

児童デイサービスで提供するサービス内容や基本方針は、法律によって規定されていますが、音楽療法や運動療法、学習面のサポート、食育など、事業所によってアプローチが異なり、それぞれ特色をもった支援を行っています。事業所のある地域性やスタッフのスキルなどを鑑みて自社が最も強みを発揮できるプログラムを選べばよいのですが、私は「自身の息子に受けさせたい支援」「地域のほかの事業所と被らない支援」をやりたいと思いました。

そのためにほかの事業所に足を運んで実際の様子を見学させてもらい、また児童デイサービスを経営している知り合いにも相談して経営上のアドバイスをもらいました。さらに開業予定地である札幌市のマーケティング調査や、発達障がい児をもつ親としての自分の考えや要望なども総合していった結果、最終的に「ストレングス視点」と「感覚統合」を事業所の強みに据えることにしたのです。

ストレングス視点とは、その人の弱点に目を向けるのではなく強みを見つけて伸ばしていこうという考え方です。感覚統合はアメリカの作業療法士（OT）、エアーズ（Ayres, A.J.）が考案した、発達障がいがある子のためのリハビリテーションで、運動や遊びを通して脳の処理機能を高めることができます。

ストレングス視点や感覚統合が必須であるとか、ほかの方法よりも明らかに有効であるということではありません。児童デイサービスとして選ばれるために、強みをつくり誠実にサービスを提供するという姿勢をもつことが大切なのです。

専門性を発揮できる本物の事業者が求められている

児童デイサービスでどんな支援プログラムを提供するにしても、根拠をもった支援や専門的なプログラムを採用することが大事です。厚生労働省はサービスの質向上を目的として「障害児通所支援の在り方に関する検討会」を開いて制度改正の検討を進めており、2021年12月には「児童デイサービスの再編」が新聞各紙で報じられました。

厚生労働省では事業所のタイプを、運動能力やコミュニケーションなどの面からバランスよく発達を支援する「総合支援型」と、理学療法士によるリハビリなど専門性の高い「特定プログラム特化型」の2つに再編する方針です。そして見守りだけの事業所や障がい児支援としてのエビデンスが十分でない塾やピアノなどの習い事のようなサービスについては公費の対象から外す方針であるとも報じられました。

つまり、障がい児支援として十分なエビデンスのあるサービスを提供できないような理念なき事業者が淘汰され、発達障がい児の療育で専門性を発揮できる本物の事業者だけが存続していけるということです。

一方で、利用者のニーズも専門性に傾いています。

私が採用している感覚統合アプローチにおいてはOTの配置を基本としているため、積極的な採用を行ってきましたが、その背景には子どもにリハビリテーションをたくさん受けさせたくても受けられる場所や機会がかなり制限されているという悩ましい現状があります。

障がいのある子どもたちは行政が運営する療育センターや専門医のいる大きな病院で数カ月～半年に1回発育・発達の検査を受けますが、ほかに療育などに通っていない場合は、その機会にしか専門的なリハビリテーションを受ける機会がありません。半年に1回ではとても効果は見込めないので、保護者たちはリハビリの専門家がいる民間の事業所を探すことになります。

ひと口にリハビリといっても言語療法士による言葉の訓練や理学療法士による体の使い方の訓練、OTによる日常生活スキルの訓練など実にさまざまな種類があり、その子の発達特性や困りごとに合わせて適切なリハビリを選ばなければなりません。そうすると必ずしも自分が住む地域に相応しい専門家がいるとは限らず、事業所探しはさらに複雑化していきます。

発達障がい児を育てる保護者にとって、専門的なリハビリが受けられるか否かは子どもの将来を左右する切実な問題です。児童デイサービスが支援の専門性を備えて打ち出していくことは、制度の面でも利用者のニーズに応えるという面でも非常に重要になっているのです。

アドバンテージ① 高齢者と児童の触れ合いが生むシナジー効果

私は児童デイサービスを開業して2023年2月で丸3年になりますが、介護事業と児童デイサービスとの相性は当初考えていた以上に良く、多くのアドバンテージがあることを発見しました。現時点で実感しているアドバンテージは大きく6つあります。

特に大きなアドバンテージだと考えているのが、高齢者と児童が互いにプラスの影響を与え合うシナジー効果についてです。

私の札幌の介護事業所は高齢者のリハビリに特化したデイサービスとして2016年に開設しました。少し広めのテナントを借りていたのでスペースに余裕があり、その一部を改装して児童用のデイサービスにしたのです。つまり、高齢者と児童が隣り合わせのフロアでそれぞれの時間を過ごしています。

すると、高齢者と児童との自然な交流が生まれます。最初はエントランスで顔を合わせてもお互いに距離感があったのが、次第に挨拶を交わすようになり、高齢者が「めんこいね（北海道弁でかわいいねの意味）」と子どもに声を掛けたり、子どもが高齢者から飴をもらってお礼を言ったりする場面が日常的になってきます。クリスマス会などイベントを年に何回か合同で開催しているなかでも両者の交流が育まれます（なお交流を行う場合、それぞれの運営基準を遵守した実施が求められます）。

先日も子どもたちが高齢者のいるフロアにお邪魔して歌とダンスの発表会を行いました。歌やダンスをしたりピアノの演奏をしたり手作りのキーホルダーを高齢者にプレゼントしたりしたのですが、発表会を見ていた高齢者のなかには児童の頑張りに涙を流す方もいました。

またスタッフにとっても、人見知りや緊張から初めは練習にも参加できなかった子が徐々に練習に参加できるようになり、立派に発表会に臨んでいる姿を見てグッとくるものがあったようです。子どもたちも高齢者やスタッフからのたくさんの拍手や温かな言葉をもらい、頑張ってきたことへの自信につながったと思います。

子どもと触れ合っているときの高齢者は、皆目尻を下げてとても優しい顔になるものです。それは私たちスタッフがどんなに頑張っても引き出せないような笑顔で、見ているこちらまでうれしくなってきます。高齢者を送り迎えに来る家族も「家では塞ぎがちなのに、ここでは全然表情が違う」「おばあちゃんが楽しそうにしているのを久しぶりに見た」と驚いていました。

子どもたちにとっても親や教師以外の年の離れた大人と触れ合う貴重な機会になっています。発達障がいの子どもたちは初対面の人との会話やコミュニケーションが取りにくい子が多いのですが、デイサービスで顔を合わせる高齢者とは元気に挨拶ができる子もいるのです。自立度の高い子や積極的な子になると、高齢者の手伝いをすることもあります。スタッフや高齢者からお手伝いを褒められ感謝されると、その子は満足気な良い顔をします。もちろん日によってはできないこともありますが、体験を通して人の役に立つことの喜びを学んでくれたらいいなと思っています。

高齢者と児童が近いエリアにいることでこのようなシナジー効果が生まれることはある程度予想していましたが、実際には予想以上に感動するものがありました。福祉の仕事をしてきてこのような喜びを感じられたことは望外です。介護事業と児童デイサービスを並行して行うことで得られるこの感動を、多くの事業者にも味わってほしいと願っています。

アドバンテージ②　社員の技能やキャリアが高まる

社員側のアドバンテージとして挙げられるのは、高齢者のケアと発達障がい児の支援という両方の経験を積むことができる点です。

高齢者のケアと発達障がい児の支援ではどちらにも通用するスキルが多くありますが、それぞれに特有のスキルも少なくありません。両方を経験することでより多くのスキルを身につけることができるのです。

例えば体の不自由な高齢者に行うリハビリと、子どもの発達を促すためのリハビリとでは、手法も内容も目指すべきゴールも違います。両方のスキルを身につけたいと思う場合、一般的には転職して実務経験を積まなければなりません。それが同じ会社で2つの事業をやっていると転職が不要になるのです。転職する場合、その社員が社内で積み上げてきたキャリアは中断されてしまいますが、同じ会社で職場が変わるだけなら、そのまま積み上げていけるのでキャリアの無駄がなくなります。

アドバンテージ③　社員の定着率が上がり長く働いてくれる

1つの会社でキャリアアップが可能で転職不要ということは、会社にとってもアドバンテージがあります。

まず、社員の定着率が高いと採用の労力や費用が削減できることです。欠員が出るとそのたびに募集を掛けて面接をして、場合によっては派遣会社に紹介料を払って、採用後は一から育成、と費用もエネルギーも消耗します。この業界は「募集しても人が集まらないかもしれない」「早く人財の補充をしなければ」と人財確保にまつわる不安や焦りが大きいのが常ですが、そのようなストレスも減ります。

次に、離職の連鎖が断ち切れることです。人が足りないと仕事が回らず、社員一人ひとりの負担が大きくなって現場が疲弊していきます。すると「私も辞めたい」「こんな人使いの荒い会社にはついていけない」と考える社員が出てきて、次々に辞めていってしまう負のスパイラルが起こりがちなのです。欠員が出なければそうした連鎖が起きないので、事業運営は安定します。

さらに、企業文化やノウハウが成熟していきます。経験豊かな社員が増えることで組織の結束力が強くなり、高いパフォーマンスを発揮できるようになります。また独自のノウハウや技術、人脈などの資産が増えていきます。会社にとっていちばん大事な強みの部分が強化されていくのです。

アドバンテージ④　高齢者介護のリソースを活用できる

現状の介護事業の経営資源（ヒト・モノ・カネ）を児童デイサービスに応用できる点も大きなアドバンテージです。

まず人財の応用では、児童デイサービスには児童発達支援管理責任者（児発管）や児童指導員の資格者を配置することになりますが、このうち児童指導員については介護で使う社会福祉士や精神保健福祉士の有資格者であれば、児童福祉の実務経験の有無を問わず申請のみで児童指導員の任用資格を取ることができます。

また高齢者介護と発達障がい児の療育では仕事の内容が異なりはするものの、OTや理学療法士は両方で活躍することができます。それ以外のスタッフも介護で培った傾聴のスキルや支援のスキルは子どもたちに対しても大いに役立ちます。このように人財を介護施設と児童デイサービスで一部共有もしくは配置換えなどをすることで、採用コストや人件費の節約ができるのです。

次にスタッフの業務について触れると、介護ではインテーク→アセスメント→ケアプランの立案・提案・交付→プラン実施のモニタリング→プラン見直しというプロセスを取りますが、児童支援のためのプランもインテーク→アセスメント→個別支援計画作成→タイムテーブル・活動プログラムの立案・提案・交付→プラン実施のモニタリング→プラン見直しといった具合に、基本的な考え方はほぼ同じです。つまり、既存のスタッフ教育を地盤として、児童支援用に修正を加えるだけで対応できるのです。

開業費用や運営費用についても、現状の介護施設の空きスペースを活用したり、送迎車両やドライバーなど人や設備で共有できるものは共有したりすれば、コストを節約できる可能性があります。

アドバンテージ⑤　2つの事業を行うことで経営の安定性が増す

初期投資が少なく、経営リソースの一部がすでにあるということは、それだけ事業の立ち上がりが早いということです。スムーズに軌道に乗せることができれば投資の回収もスピーディーになるので、経営の早期安定化や黒字化が見込めます。

私が運営している児童デイサービスの事業計画では開業半年後には収支がプラスに転じ、12カ月後には初期投資額を回収し終わるようにしていましたが、そのとおりに実行することができました。1年目で初期投資額を回収できていれば、2年目からは利益を蓄積していけるので経営は安定し、さらなる企業成長が目指せるのです。このスピーディーかつスムーズな立ち上がりは介護事業の土台があってこそのものです。

アドバンテージ⑥　関わる人みんなを笑顔にできる

介護事業と児童支援事業の2つの事業をやることで利用者（高齢者および児童）はもち

ろん、その家族をも笑顔にすることができます。介護や育児を家庭で抱え込むあまり家族がうつ病を発症したり、ストレスから虐待をしてしまったり、地域で孤立したりといった問題が実際に多く起きていますが、私たち福祉事業者がそうした家族の負担を一部だけでも担うことで、苦しい状況から救い出すことができるのです。

また、仕事のやりがいと収入の両面で満足させることで社員も笑顔にできます。福祉の仕事はともすれば「やりがい搾取（社員のやりがいを利用して、不当な長時間労働や低賃金で業務を強い、利益を搾取する行為）」になりがちですが、会社がしっかり利益を出して給与として社員に還元していくことで、負の労働環境に陥ることを避けられます。

さらに会社の事業が発展していくことで経営者は成功体験を積み、経営者として成長していけます。もちろん家族を経済的に豊かにすることも可能です。

このように事業所を中心にして笑顔の波紋が広がっていくことは、福祉事業者にとって決してお金には代えることのできない最高の喜びに違いありません。

［第3章］

立地から人財採用・教育、運営まで児童デイサービスを成功させるポイント

介護事業者が児童デイサービスで失敗しないための考え方

介護事業者で経営強化のために児童デイサービスを始めたいという場合、私が最も伝えたいのは「福祉運営を事業経営としてとらえる」視点をもつことです。

私の周りにいる介護事業者を見ても、また私自身の経験を振り返ってもいえることなのですが、介護事業者は福祉で社会貢献したいという高い理想をもっているがゆえに、情熱だけで事業を行おうとしてしまう傾向があります。地域で介護を必要としている高齢者がいれば採算度外視の運営でケアをしてしまう、人手不足でも質は決して落とせないのでスタッフに無理をさせてしまうといったことに思い当たる節がある事業者は多いはずです。

私の会社もかつてはそうでした。とにかく目の前の高齢者を助けたいという思いが強く、スタッフ教育が不十分なまま新人を現場に立たせてしまうことがあり、ミスを起こして利用者に迷惑を掛けたり、スタッフの自信を失わせて離職させてしまったりなどの失敗を何度もしました。また、採用で人を見る目が私になく自社に合わない人財を雇用してしまい、そのせいでスタッフの暴走や職場の人間関係悪化を招くなどのトラブルもありました。

これらの失敗は「目の前の人を助ける」という目的しか見えていなかったことに起因していたのだと今なら分かります。当時の私はとにかく介護を必要とする人がいれば手当たり次第に対応しようと必死になって、経営を安定させるという視点が欠けていました。会社は利益を出し続けないと存続していけないのに、それを二の次にし、自らの首を絞めていたのです。

福祉が好きで、高齢者介護にやりがいと自負を感じている事業者ほど、同じような状況に陥りやすくなる印象です。「正しいことをやっている」ことに満足してしまい、従業員にも施設にもお金を掛けるということを後回しにしてしまうのです。

児童デイサービスを始めるにしても、介護事業を続けるにしても、経済合理性を抜きにしてはビジネスは成立しません。そのことを新規事業を始める前に心得ておいてほしいのです。「利益優先にすべき」「お金にガツガツしろ」という話では決してなく、会社が存続・発展していくために必要な採算を考えて事業を構築しよう、社員が経済的な不安なく福祉に専念できる環境を構築していこうということです。

地域の子どもたちの役に立ちながら利益を上げ、しっかりと継続していける事業戦略をつくっていってほしいと思います。

持続可能な事業にするには「走り出す前」のプランニングが大事

具体的にどのようにビジネスモデルをつくっていけばいいかですが、私の運営する児童デイサービスにも「児童デイサービスの開業を検討しているので話を聞かせてほしい」「経営について本当のところを知りたい」という事業者から見学や問い合わせが頻繁に来ます。介護事業者以外にも障がい者福祉や学童保育、学習塾などの事業者が児童デイサービスへの参入に強い関心を示しています。

そのような相談に対して私が必ず伝えるのは、マニュアルやテクニックより理念やビジョンが大事であるということです。

児童デイサービスを始めるにあたり、開業そのもののハードルは高くありません。しかし運営を続けていくには、理念やビジョンなき開業は「軸がない」ため迷走や失敗をしやすいのです。開業前の段階でしっかりプランニングを固めておくことが肝要です。

介護事業所の開設の際、開設そのものは難しいことではなかったはずです。資金調達して事業所を構え、必要人員をそろえて行政に申請すれば、基本的に事業所は開設することができるからです。しかし、大事なのはそこからです。どんな人を対象にどんなサービスを、どのように提供していくか、どうやって持続可能な事業として成立させていくか、どのようにして企業成長をしていくかなどがあいまいだと、利用者を満足させられる事業は行っていけません。

このことは児童デイサービスでもまったく同じです。どんな児童に対して、どのようなプログラムを提供し本人の発達・成長を促すのか、事業所として何を大事にして運営を行っていくのか、そういった軸固めが必要です。

そこで、この章では児童デイサービスで失敗しないために、介護事業者が押さえておきたい考え方や事業所づくりのポイントをお伝えします。私自身が数々の失敗と反省を繰り返すなかで導き出した、現時点で最も失敗のリスクが少ないと考えている最適解です。

ただし最初に断っておくと、この最適解は私の事業所にとっての最適解であり、すべての事業者に通用するわけではありません。私の経営方針や手法をそのまま真似ても決して同じようにはいきません。地域性が異なればニーズが変わりますし、スタッフの個性や強みが違えば提供できるサービスの質や内容も当然違ってくるからです。そういう意味で、開業に向けたプランニングは「このとおりにやれば成功する」という必勝法が存在しません。それぞれの事業者が自社の事情に合わせて、個別に練っていかねばならないのです。もっといえば失敗もある意味必要で、試行錯誤が長期的な成長には重要になるのです。

テクニックやマニュアルより「理念・ビジョン・ミッション」を重視する

自社の事情に合わせて「どんな事業所にするか」をプランニングする際に、まず重視すべきなのが「理念」や「ビジョン」「ミッション」を固めることです。

介護事業者であれば「福祉はテクニックやマニュアルでできるものではない」ことは重々承知でしょう。もちろん介護のテクニックや日々の業務のマニュアル化は、安全かつ効率的なケアを提供していくうえで大事なものであることは間違いありません。テクニックやマニュアルがあれば情報共有やスタッフ教育がスムーズに進みやすく、ミスや事故の予防にもなります。しかし、それらに頼り過ぎるやり方は、かえって危険だと私は考えています。利用者の想いを置き去りにした機械的なケア、独りよがりのケアになりがちなためです。

目の前の利用者のためになるケア、その人にとって必要なケアとは何かを常に考えて動くことができなければなりません。児童デイサービスでも介護事業でも、スタッフ一人ひとりが主体的に考えて動くためには、スタッフのベクトルを合わせるための行動指針や考え方の原理原則が不可欠なのです。

この行動指針や考え方の原理原則の原点となるのが、事業所の理念やビジョン、ミッションです。事業所で提供するすべてのサービスは、この原点から出発することで一貫性のあるものになります。例えば提供するプログラムや必要な人員体制、ホームページで打ち出す世界観、室内のレイアウトやデザインなどです。また社員教育も原点から出発することで、一貫性のある育成カリキュラムになっていきます。理念やビジョン、ミッションなくして、持続可能な事業はあり得ないと言っても過言ではありません。

では、具体的にどのようにして理念やビジョンを固めていけばよいのでしょうか。私が児童デイサービス立ち上げの際にやったことを、開業の手順にそって順にお話ししていきます。

事業所のコンセプトや強みを明確にする

最初に私がやったのは「どんな児童デイサービスをつくりたいのか」を明確化することです。経営理念や事業ビジョン、事業所のコンセプトなどを固めることは、一語で表すと「ブランディング」です。私は児童デイサービスを開業する1年前からブランディングを始めました。経営者仲間の1人に企業や自治体などのブランディングを専門とするコンサルタントがいたので、その方のコンサルティングを受けながらブランディング戦略を練っていったのです。

まず「どんな児童を対象にするのか」「なぜその対象にするのか」「どうやって児童を支援するのか」「支援をすることで児童にどうなってほしいのか」などを話し合いました。こうした議題を通して、事業の本質を明確にすることから始めたのです。ブランディング会議には私と児童デイサービスの施設長、私の妻の3人で臨みました。妻を同席させたのは発達障がい児をもつ母親の立場からのリアルな意見が欲しかったからです。

その話し合いで、私の児童デイサービスでは「未就学から小学生の発達障がい児」を対象とすること、「過剰なケアはしない」こと、「専門性を打ち出し、自社の強みに据えること」などを決めていきました。

発達障がい児を対象としたのは、そもそも私の子にその特性があり、専門的な支援をしてあげたいと思っていたのが大きな理由です。同じような特性をもつ子どもが地域に数多くいることが分かっていたので、ニーズは確実にあると考えました。

過剰なケアはしないというのは、児童のもつ力を引き出すことにプログラムを集中させていくという意味です。児童デイサービスは事業所ごとにプログラムのメニューや開業時間を決めることができます。朝から夕方まで通しで預かる事業所や昼ご飯・おやつを提供している事業所もあります。保護者のなかには「長時間いさせてほしい」「お昼も食べさせてほしい」という要望があるのですが、私はあえて短時間集中型で食事の提供はしないことを選択しました。サービスの手を広げるよりも、絞ることでコストや人員を集中させ、サービスのクオリティーを高めたいと考えたのです。

サービスの中身については、①今いるスタッフのスキルや資格で何ができるのか、②競合他社のサービス内容といかに差別化するか、③児童の発達についてのエビデンスや効果が確認されている確かなもの、④保護者が真に求めているサービスは何かなどの条件で煮詰めていきました。このとき、想定する保護者の年代、職業、世帯年収、家族構成、教育に対する考え方の志向性などを細かく書き出し、ペルソナをつくりました。ペルソナはマーケティングの基本であり、サービス・商品を利用する典型的なユーザー像のことで、年齢、性別、居住地、職業、年収、趣味、生い立ちなどリアリティある情報を設定します。

そのなかで見えてきたのは、発達障がい児の成長を促進していくことにつながる「効果のあるプログラム」を保護者が求めているということです。そこで、ストレングス視点や感覚統合アプローチを採用するという方針を固めました。

私の場合は発達障がい児のためのデイサービスをテーマとして事業展開していますが、ほかにも身体障がいや知的障がい、精神障がい、医療的ケア児などを対象とすることもできます。スタッフのなかに知的障がいのケアに強い者がいれば、知的障がい児のためのデイサービスにするのが自然かもしれません。また食育に力を入れたいということであれば、食習慣や環境、栄養面についての特徴も打ち出せて良いでしょう。「感覚統合のニーズが高いから」という理由だけで選んでしまうと、専門職がそろわなかったり自社の強みが活かせなかったりで無理が出やすいので気をつけなくてはなりません。自社のリソースや特性をよく見極めてサービス内容を検討することが大切です。

私はP・F・ドラッカーの書籍からマネジメントについて、学びや気づきをよく得ており、彼は事業を成立させるうえで「使命・市場・強み」の3つの領域が大事だと説いています。

・使命とは自社が果たすべき役割のことであり、何のためにこの事業を行うのかという目的です。
・市場とは自社が勝負しようとしている環境のことで、発達障がい児を取り巻く日本の現状や自社が展開する地域のニーズ、世の中のトレンドを踏まえた業界の将来性などです。

・強みとは他社との違いや特長のことで、自社が何を得意としていて、自社が積み重ねてきた価値や知識は何なのかを理解し、それを提供できるサービスに落とし込むことです。

私は事業の一環として児童デイサービスの開業支援のコンサルティングも行っているのですが、このドラッカーの話をするとときどき「うちには強みはない」という事業者がいます。しかし、そんなことはないはずです。社員の人柄や結束力が良いとか地元密着で長く事業をやってきたなど、自社の魅力に気づいていないケースも多いのです。ちょっと見方を変えれば弱点だと思っていたことが実は強みだったと気づくこともあります。

「自社の強みは何か」にしっかりと向き合い、強みを発揮できる分野を明確にしていくことで、自社の目指すべきビジョンや事業展開における戦略などが見えてくるのです。

他社との差別化を図る

私がペルソナづくりと同時にやったこととして、業界分析があります。業界分析はどんな事業においても重要で、業界全体の動向や地域の同業他社を調べることで立ち位置を模索するのに役立ちます。

児童デイサービスという業種は拡大しておりニーズもまだまだあるといえますが、比較的新しい事業分野であり未開拓の部分が多くあります。これをやれば確実に収益を上げられるという成功モデルが確立しているわけではありませんし、まだまだ工夫やアイデア次第で良くしていける伸びしろがたくさんあります。つまり、可能性が大きく広がっているのです。その伸びしろのなかで、自分は何をしていくのかが大事になります。

誰かの真似ではなく自分で考えて知恵を絞り、世の中や地域の求めているものに応えていくことが必要です。そのためにはほかの児童デイサービスに見学に行ったり、事業者に話を聞いたり、業界誌を購読したりといった情報のインプットが欠かせません。他社のやり方を見ていけば、参考にすべきことや他社がやっていないことなどが分かります。私もあちこちの事業所を見学へ行って「ここは自社でも取り入れたい」「ここは自分の流儀には合わないので別のやり方を考えよう」など勉強になることが多々ありました。

地域にあるほかの事業所を見ることは、差別化を考えるうえでも重要です。近くの事業所と同じサービスやプログラムを提供したのでは利用者の取り合いになってしまい、お互いに苦労することになるでしょう。できるだけほかがやっていない独自性のあるサービスやプログラムを設定し、保護者に選んでもらいやすくするのがポイントです。

事業所の理念やビジョンを言語化して社員と共有する

理念やビジョンは経営者のなかにあるだけでは不十分で、言葉に出して社員に語っていくことが大事です。理念やビジョンというと難しく感じるかもしれませんが、要は「自分は経営者として何を大事にするか」「この事業所を通じて誰をどのように幸せにするのか」ということです。

例えば「なぜ発達障がい児を対象にするのか」「彼らにどのような価値を提供できるか」は積極的に社員たちに語って聞かせるべきです。これを語ると、経営者が見ている事業のビジョンや何を大切にしているかが社員にも伝わり、想いを共有することができます。そうすることによって同じ方向を向いて歩んでいくことができるのです。

採用時にどんな人財を求めるかでも、経営者の価値観が大事になってきます。社員の心と目指す方向を合わせるためにも、理念研修をするときにも、分かりやすい言葉で語っていかねばなりません。利用児童やその保護者にも経営者のあり方は敏感に伝わります。この事業所は拝金主義なのか利用者本位なのかは、スタッフの働き方やサービス、設備などにすべて映し出されるからです。

私自身も自分が大切にしていること、どんな会社にしていきたいかを頭のなかにしまっておくのではなく、どんどん言語化して社員たちに伝わるように工夫や意識をしています。これがベストと思ったものも、あとからもっと良いアイデアが出てきたりそのときの気持ちに合わなかったりすることもあるので、常に「これがベストなのか」「もっと改良できないか」とバージョンアップをして、そのたびに伝えることを続けています。ただし、言葉で伝えるだけでは実感を伴った理解には至らないことも多いので、いかに社員に当事者意識をもたせられるか、ミッションを共有する同志にできるかを考えることも大切です。経営に関して発言の機会を与えたり、チームを組ませて裁量をもたせたりするなど、工夫していく必要があります。

地域の市場調査、分析から開業適地を決める

児童デイサービスをどこで開業するかについては、地域性や競合の有無などさまざまな要素を鑑みて決めることになります。児童の多いエリアであってもすでに事業所がたくさんあれば集客は難しくなりますし、人口の少ない地域でも車で通える範囲なら利用者が集まってくる可能性はあります。あるいは競合が多くてもほかにないサービスが提供できれば集客には困らないかもしれません。つまり、人口○○人のエリアに開設すれば成功するというセオリーはないのです。

参考までに、わが社では、地域に居住する小学生の人数2000人程度を事業所を開設するかどうかの一つの判断基準にしています。私たちが考えた支援が必要な発達障がい児の割合は全体の5～6%で、2000人規模なら100人～120人の対象児童がエリア内にいる計算になります。その3分の1程度（30～40人）が利用してくれれば、定員10人くらいの規模の児童デイサービスでは収支計画の損益分岐点を超えて黒字化することができます。

私の事業所がある札幌市は、児童2000人を1単位とした場合10のエリアに区切ることができます。1つのエリアにつき1事業所を開業するイメージです。東京23区のように人口の多い地域になれば1つあたりのエリア面積は小さく、人口の少ない街であれば1つあたりのエリア面積は広くなります。

1エリアの面積が広い地域では、距離的に児童が通所できないのではないかとよく聞かれますが、就学児については学校から事業所までバスで送迎できます。地方になると車社会なので、車で片道20~30分程度は苦にならないといって保護者が送迎することもあります。車社会の地域か、そうでないかによっても、エリアのとらえ方は違ってくるということです。

いずれにしても、あまりこだわり過ぎる必要はありません。今ある介護事業所のスペースが空いているならそこを有効活用すればよく、それぞれの事情に合わせて臨機応変に場所の選定をしていけばよいのです。大切なことは地域のニーズをしっかりと汲み取れているか、そのうえで実際の状況と数値的な情報を見て適切な分析ができているかということです。

提供したいプログラムに合わせてレイアウトを設計する

事業所の広さについては、児童福祉法および自治体によって規定が定められています。提供したいプログラムによって設置する道具などが違ってくるので、それらが十分に配置できるレイアウトを考えます。また、広ければ広いほうがよいというわけではなく、子どもたちが安全に活動を行える空間を考えることが必要です。

スペースは広ければ広いほうが子どもがのびのびでき、事業所のアピールポイントになると考えがちですが、実際は逆です。広過ぎるスペースはスタッフの目が届きにくいため、事故につながるリスクが潜んでいます。発達障がいの子どものなかには多動の子もいるので死角はできるだけ減らすべきです。また、実際に手が届く範囲だとしても、広過ぎるのはスタッフの負担を増すことになります。何かしようとするたびに子どもとスタッフが追いかけっこになるような状況では、体力的に負担であるだけでなく事故のリスクも高くなります。またそれで時間が取られてしまい、トレーニングなどの本来すべきことが疎かになってしまっては本末転倒です。

結論としては、事業所は広過ぎるよりは適度に狭いほうがよいと私は考えています。狭ければ購入費用や賃料もさほど掛かりませんし、毎日の掃除やメンテナンスも楽になります。

介護施設の空きスペースを有効活用する方法もある

今、介護事業を行っている施設に空きスペースがあるなら、そこを児童デイサービスのスペースとして使うことも検討するとよいと思います。私の事業所でも高齢者デイサービスと同じフロアが空いていたので、そこを児童デイサービスとして活用しています。

両者を併設することで大きくコストを節約することができますが、併設する際の注意点がいくつかあります。まず、介護施設を利用する高齢者と児童デイサービスを利用する子どもの設備や備品は、分けて置かなくてはなりません。自治体に確認しながら、パーティションなどでうまく区分し、共用できる部分を活かすことで基準をクリアします。社員みんなで知恵を出し合えば、工夫とアイデア次第でクリアできる基準もあるのです。

また、意見を出し合って事業所をつくっていく過程も楽しく、「自分たちの事業所」という愛着が湧いてきます。職場のコミュニケーション促進にも役立っています。

路面ガラス張りは理想だが、ビルの上階でも問題なし

最近は児童デイサービスが各地で増えているので街中を歩いているときなどに事業所を目にすることがあると思いますが、目に付きやすいのは道路に面した窓やドアが大きくガラス張りになっているタイプです。中で子どもたちやスタッフが和気あいあいと活動している姿が見えるので、明るくオープンな雰囲気があります。預ける保護者も外からの目があるほうが児童虐待などの抑止になり安心です。しかし賃料の点からいえば、ビルの1階より上階のほうが割安なので開業のハードルは下がりますから、状況に応じて柔軟に判断して問題ありません。

児童デイサービスに必要な部屋と設備

児童デイサービスには次のような設備が必要とされています。ただし、自治体独自の基準があって細かいルールの違いがあるので、開業したい地域の基準をしっかり調べる必要

があります。

・指導訓練室

子どもたちに必要な支援や訓練を行うための部屋です。機能訓練のためのスペースと共同活動のためのスペースに分かれています。機能訓練スペースでは体を使ったリハビリテーションなどを行います。共同活動スペースは子どもたちが一緒にゲームや読書や工作などをするために使います。

指導訓練室の広さは、ガイドラインには「障がい児1人あたり2・47㎡」と書かれていますが、地域によっては「1人あたり3㎡以上」ということもあります。定員が10人ならだいたい30㎡の広さが一つの目安になるでしょう（自治体によって異なります）。

しかし、提供するプログラムの内容や対象児童の特性によって必要な広さは変わってきます。私の事業所では感覚統合アプローチというメニューを提供しているためブランコは必須で、そのための十分な広さを確保することが要件になっています。

・相談室

児童デイサービスを利用している保護者との面談や、利用を検討している保護者の相談などに使用するスペースです。窓がある部屋については、私はパーティションで外部から見えないようにして、保護者が安心して心の内を話せるように配慮をしています。

また相談室は子どもたちの静養室としても活用しています。子どもがパニックを起こしたり、感覚過敏で周りの物音に疲れてしまったりしたときに、相談室に入ってクールダウンできるようにしてあるのです。

私なりの工夫としては、物が雑然とあると保護者も面談時に気が散りますし、子どもたちもクールダウンの邪魔になってしまうので、できるだけ室内はシンプルを保つようにしています。

・事務室、休憩室

スタッフが事務作業を行ったり休憩を取ったりするための部屋です。いずれも部屋の広さに法的な縛りはありません。介護施設と児童デイサービスを併設する場合は、事務室と

【図表３】 事業所の参考レイアウト

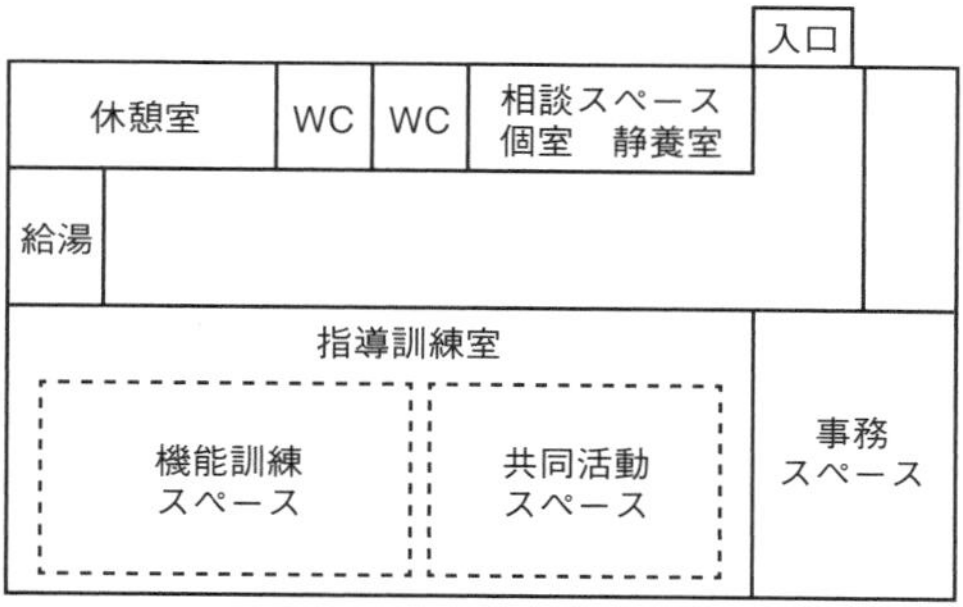

前提条件
スケルトン
解体費除く
天井高 2.4m以上
面積 25 坪以上
駐車場台数３台
（スタッフ用は別）
ブランコ設置

自社資料を基に作成

休憩室は共有することが可能です。

事務室も休憩室も使用するのはスタッフが主なので、適切に業務ができて、しっかりと休憩ができる環境を大切にしつつ、余計にお金を掛け過ぎないことも重要です。その予算があればスタッフの待遇や人財育成などに充当できるからです。

・洗面所、トイレ、給湯室など

それ以外に必要な部屋としてはトイレや給湯室などがあります。肢体不自由児を対象とするデイサービスではトイレ介助が必要なので、障がい者用の広めのトイレが必要ですが、発達障がい児の場合は通常のトイレで大丈夫です。

上に挙げたレイアウトはあくまでも参考です。利用する子どもたちの特性や提供するプログラムによって必要な設備やスペースは違ってくるため、実情に合わせて動線を考えたレイアウトを考えていきます。

カーテンや壁材は防音効果の高いものを選ぶべき

子どもたちの声や物音が響くので、カーテンや壁材は音を吸収する素材のものを選ぶようにしています。特にテナントにほかの事業者が入っている場合や介護施設と併設する場合は、防音には気を配らなければなりません。

私も児童デイサービスを開設した当時はそこまで気が回らず、隣のフロアに通所してくる高齢者から「子どもがうるさくてリハビリに集中できない」「あの甲高い声をやめさせて」といった苦情が出てしまいました。高齢者にとって子どもの存在は元気をもらえる一方で、気に障るときもあるのだと学びました。普段静かな環境で生活している高齢者にしてみれば、子どもたちがはしゃぐ声やバタバタと走る音は異音に感じやすいのだと思います。

開業資金として必要なコスト

開業にあたって何をそろえる必要があり、どれくらいの費用が掛かるのかについては事業所ごとに違いますが、基本的には物件取得費（敷金・礼金など）、内装工事費、備品購入費、広告宣伝費、求人費、駐車場契約金などの初期費用が掛かります。それ以外にも、家賃、人件費、車両・駐車場代、通信費などのランニングコストが掛かってきます。

全額を自己資金で賄うのが難しい場合は融資を活用することになります。児童デイサービスは国も推進している施策なので、金融機関にしっかりとした収支計画をプレゼンすることで融資も受けられるでしょう。

また以前は児童デイサービス事業者が使える制度として、労働環境の向上などを図る事業主などに対して支給される「人材確保等支援助成金」、非正規雇用の労働者の企業内でのキャリアアップを促進する取り組みを行う事業主に対して支給される「キャリアアップ助成金」、労働時間の設定の改善を促進することを目的とした「時間外労働等改善助成金」といったものがありました。

また、放課後等デイサービスや児童発達支援事業を含む中小企業が自社の課題やニーズに合ったITツールを導入する経費の一部を補助することで、事業の効率化をサポートするIT導入補助金というものもあります。

今後も同じような制度がつくられる可能性もあるので、厚生労働省のホームページなどでまめな情報収集をしたいものです。

創業時はミニマムの人員で始め、徐々に増やす

コスト面で大きな割合を占めるのが人件費です。配置するスタッフの数については開業後しばらくは基準上、最小限の人員から始め、段階的に増やしていくとよいでしょう。

創業時は利用者が少数なので、運営基準を満たす、管理者と児童発達支援管理責任者を兼務として1人、機能訓練担当職員1人、児童指導員1〜2人で体制を組みます。

利用者が少し増えてきたら児童指導員を1名増員、さらに増えたら半日勤務のパートタイムの指導員を1人加えて、人手の足りない時間帯にスポット的に入ってもらえるようにシフト組みをしました。その次の段階ではフルタイムのパート指導員を増員し、さらに利

【図表4】 スタッフの雇用と配置

①人件費

No	職種・担当	額面	社保含む支給額	
1	管理者（児発管）	278,422	356,380	オープニング常勤 （社会保険料13%と賞与積立15%の計28%上乗せ）
2	OT	217,709	278,668	
3	OT	217,709	278,668	
4	児童指導員	184,564	236,242	
5	児童指導員	184,564	236,242	
6	パート指導員	176,000	176,000	フルタイムパート （時給1,100 × 160h）
7	パート指導員	88,000	88,000	半日パート （時給1,100 × 80h）
8	パート指導員	88,000	88,000	半日パート （時給1,100 × 80h）
	最大6人体制	1,434,968	1,738,200	

利用登録児童数に合わせて、段階的にスタッフを拡充していく

第1段階	1, 2, 3, 4	1,149,957
第2段階	1, 2, 3, 4, 5	1,386,200
第3段階	1, 2, 3, 4, 5, 7	1,474,200
第4段階	1, 2, 3, 4, 5, 6, 7	1,650,200
第5段階	1, 2, 3, 4, 5, 7, 8	1,562,200

※最低賃金は地域と年度によって異なります。

自社資料を基に作成

用者が増えた場合は半日勤務のパート職員をフルタイム勤務に移行するなどして徐々に人員を増やしていきました。

このように利用者数と法定基準に合わせてスタッフを拡充していけば、適正な人件費率で運営ができます。

開業から5年後までの収支計画を見通す

運転資金が足りなくなることを避け計画的に事業を行っていくために、開業~5年後までの収支をシミュレーションしました。開業準備を2カ月前から始めるとして、しばらくは持ち出しが続きます。開業後どのくらいの増加率で利用者が獲得できれば手元にある資金をショートさせずに経営していけるのか、借入金がある場合はその返済を滞らずしていけるのか、損益分岐点はどこなのか、初期投資が回収できるのはいつ頃になりそうかを見極めるためです。

図表5、6は私が運営する事業所を例にシミュレーションした開業2カ月前~開業12カ

月後の収支計画表です。開業時は赤字スタートでしたが、開業準備中に営業活動をして開業と同時に2～3人の児童が通所を開始するようにしておけば、1カ月目から60万円程度の売上高が見込めます。月が進むにつれて少しずつ利用者を増やしていき、6カ月目からは利益がプラスに転じ、そこから利益を積み重ねていく計画でした。

ここで注意したのは介護事業でも同じですが、収入は請求してから2カ月後に振り込まれる点です。実際の売上高と収入にタイムラグがあるため資金残高が底をつかないようにしなければなりませんでした。このシミュレーションでは7カ月目で資金残高が52万円ほどにまで減りますが、その後は右肩上がりで増えていく計画になっています。

順調に行けば20カ月目に資金残高が1000万円を超えて初期投資が回収され、5年後には自己資金が4600万円を超えてくるというシミュレーションです。

売上の見通しはキャンセル負荷を考慮する

もちろん不測の事態でシミュレーションどおりにいかないことも出てきます。利用児童が登録をやめてしまった、定員の空きが埋まらないなどです。そういう可能性も考慮して

【図表５】収支計画表（開業前）

		２月	３月											合　計
		２カ月前	１カ月前											
売上高①		0	0											0
売上原価② （仕入高）		0	0											0
経費	人件費	0	1,149											1,149
	家賃	120	120											240
	支払利息	0	0											0
	駐車場代	0	79											79
	水光熱費	0	20											20
	通信費	0	16											16
	研修費	0	0											0
	車両費	0	70											70
	広告宣伝費	1,800	100											1,900
	その他	0	25											25
	合計③	1,920	1,579	0	0	0	0	0	0	0	0	0		3,499
利益①-②-③		▲1,920	▲1,579											▲3,499
借入金額		8,000	0	0	0	0	0	0	0	0	0	0	0	8,000
自己資金		9,500	0	0	0	0	0	0	0	0	0	0	0	9,500
初期設備投資		6,780	0	0	0	0	0	0	0	0	0	0	0	6,780
売上高 （利用者負担）		0	0	0	0	0	0	0	0	0	0	0	0	0
売上高 （国保連等）		0	0	0	0	0	0	0	0	0	0	0	0	0
借入金返済額		0	0											0
資金残高		8,800	7,221											16,021
減価償却費														

自社資料を基に作成

【図表6】 収支計画表（1年目）

お名前　○○○様　　　　　初年度

単位：千円

項目		4月	5月	6月	7月	8月	9月	10月	11月	12月	1月	2月	3月	合計
暦月		4月	5月	6月	7月	8月	9月	10月	11月	12月	1月	2月	3月	合計
	開業月数	1カ月	2カ月	3カ月	4カ月	5カ月	6カ月	7カ月	8カ月	9カ月	10カ月	11カ月	12カ月	
売上高①		602	708	885	1,106	1,383	1,729	1,921	2,135	2,372	2,635	2,766	3,254	21,496
	ロイヤリティ	50	50	50	55	69	86	96	107	119	132	138	163	1,115
	食材料費	10	10	10	10	10	10	10	10	10	10	10	10	120
売上原価②（仕入高）		60	60	60	65	79	96	106	117	129	142	148	173	1,235
経費	人件費	1,149	1,149	1,149	1,149	1,149	1,149	1,386	1,386	1,386	1,474	1,650	1,562	15,738
	地代家賃	120	120	120	120	120	120	120	120	120	120	120	120	1,440
	支払利息	8	8	8	8	8	8	8	8	8	8	7	7	94
	駐車場代	40	40	40	40	40	40	40	40	40	40	40	40	480
	水光熱費	20	20	30	35	35	40	45	45	45	45	40	35	435
	通信費	16	16	16	16	16	16	16	16	16	16	16	16	192
	研修費	10	10	10	10	10	10	10	10	10	10	10	10	120
	車両費	70	70	80	80	90	90	90	90	90	90	90	90	1020
	広告宣伝費	10	10	10	10	10	10	10	10	10	10	10	10	120
	その他	25	25	25	25	25	25	25	25	25	25	25	25	300
	合計③	1,468	1,468	1,488	1,493	1,503	1,508	1,750	1,750	1,750	1,838	2,008	1,915	19,939
利益 ①-②-③		▲926	▲820	▲663	▲452	▲199	125	65	268	493	655	610	1,166	322
借入金額			0	0	0	0	0	0	0	0	0	0	0	0
自己資金			0	0	0	0	0	0	0	0	0	0	0	0
設備投資			0	0	0	0	0	0	0	0	0	0	0	0
売上高（利用者負担）		0	60	71	89	111	138	173	192	214	237	264	277	1,824
売上高（国保連等）		0	473	542	637	797	995	1,245	1,556	1,729	1,922	2,135	2,372	14,401
借入金返済額		0	0	0	0	148	148	148	148	148	148	148	148	1184
資金残高		2,911	2,091	1,428	976	629	605	522	642	988	1,511	2,019	2,922	
減価償却費		55	55	55	55	55	55	55	55	55	55	55	55	660

自社資料を基に作成

売上高の見通しを立てるときに、キャンセル負荷を加味しておくことも重要なポイントになります。

キャンセル負荷の考え方は月に10％くらいを目安とし、売上見込みからマイナスすると現実的な売上の見込みになります。私の2年間の実績では10％のキャンセルが出た月はありませんが、実際よりも少し負荷を重めに見積もっておくほうが無難だと考えていました。

実際に児童デイサービスを開業して計画どおりにいったのかというと、計画以上に順調な経営で予定より数カ月前倒しで初期投資分は回収ができました。やはり最初にブランディングを丁寧に行い、事業のブレをなくしたことが、無駄なく真っすぐ進めた最大の勝因だと思っています。

法定人員は「児童発達支援管理責任者」と「児童指導員または保育士」

児童デイサービスの運営にあたっては法令で人員配置が定められています。制度改正の際にたびたび基準が変更になっているので、基準を満たすためには常に最新の情報をつか

【図表 7】 売上高の推移

売上推移

稼働月数	1 カ月目	2 カ月目	3 カ月目	4 カ月目	5 カ月目
売上上限見込	669,026	787,090	983,862	1,229,828	1,537,285
キャンセル負荷	10.0%	10.0%	10.0%	10.0%	10.0%
現実的売上見込み	¥602,124	¥708,381	¥885,476	¥1,106,845	¥1,383,556

6 カ月目	7 カ月目	8 カ月目	9 カ月目	10 カ月目	11 カ月目	12 カ月目
1,921,606	2,135,117	2,372,353	2,635,947	2,928,830	3,254,256	3,615,840
10.0%	10.0%	10.0%	10.0%	10.0%	10.0%	10.0%
¥1,729,445	¥1,921,606	¥2,135,117	¥2,372,353	¥2,635,947	¥2,928,830	¥3,254,256

前提条件　月～金稼働　土・日休み想定　平均 21.6 日 / 月営業
児発：放デイ割合は 2：3
12 カ月で上限値まで到達するスケジュール設定

	児童発達	放課後デイ		
売上単位	15,000	12,500		
一日あたり児童数（12.4 人）	4.96	7.44		売上上限
合計	74,400	93,000	= 167,400 × 21.6 日 =	3,615,840

自社資料を基に作成

んでおく必要があります（厚生労働省 障害児支援施策を参照）。２０２２年時点での法定基準は以下のとおりとなっています。

①管理者（資格は不要。児童発達支援管理責任者と兼務することができる）
②児童発達支援管理責任者（児発管）を専任かつ常勤で1人以上配置
③職員の半数以上が児童指導員または保育士であること（利用児童10人未満は職員２人以上で、うち1人は常勤／利用児童10人以上は、児童が1～5人増えるごとに職員1人を加配）
④機能訓練を提供する場合は、理学療法士、作業療法士、言語聴覚士、心理指導担当職員などを配置可能（専従で配置する場合には、児童指導員または保育士の人数として算入できる）
⑤医療的ケアを提供する場合は看護師を配置可能

理学療法士やOTなどは介護事業でも馴染みが深いですが、児発管と児童指導員は聞きなれない職業かもしれません。それぞれ療育のプロフェッショナルとして事業所運営や子どもたちの支援におけるキーパーソンとなる人たちで、この職に就くには実務経験や資格が必要となります。

提供プログラムに合わせた専門職が必要

専門的なリハビリテーションや作業療法を提供しようとする場合は、理学療法士（ＰＴ）やＯＴ、言語聴覚士（ＳＴ）が必須です。私の事業所では感覚統合アプローチを提供するために２人のＯＴを配置しています。

作業療法のニーズは高いのに提供している事業所が少ない理由は、ＯＴは専門資格で一般スタッフに比べて人件費が割高となるためです。事業所の経営的には人件費を抑制して利益率を上げる方法を取りたくなるのでしょう。

私の知る限りでは札幌市内にある６００以上の事業所のうち、ＰＴやＯＴを配置しているところは全体の１割にも満たないほどだと思われます。保育士とパート職員のみで運営している事業所も少なくありません。ＰＴやＯＴが配置されていなければ専門的なリハビ

【図表８】 児童指導員等加配加算の単位数

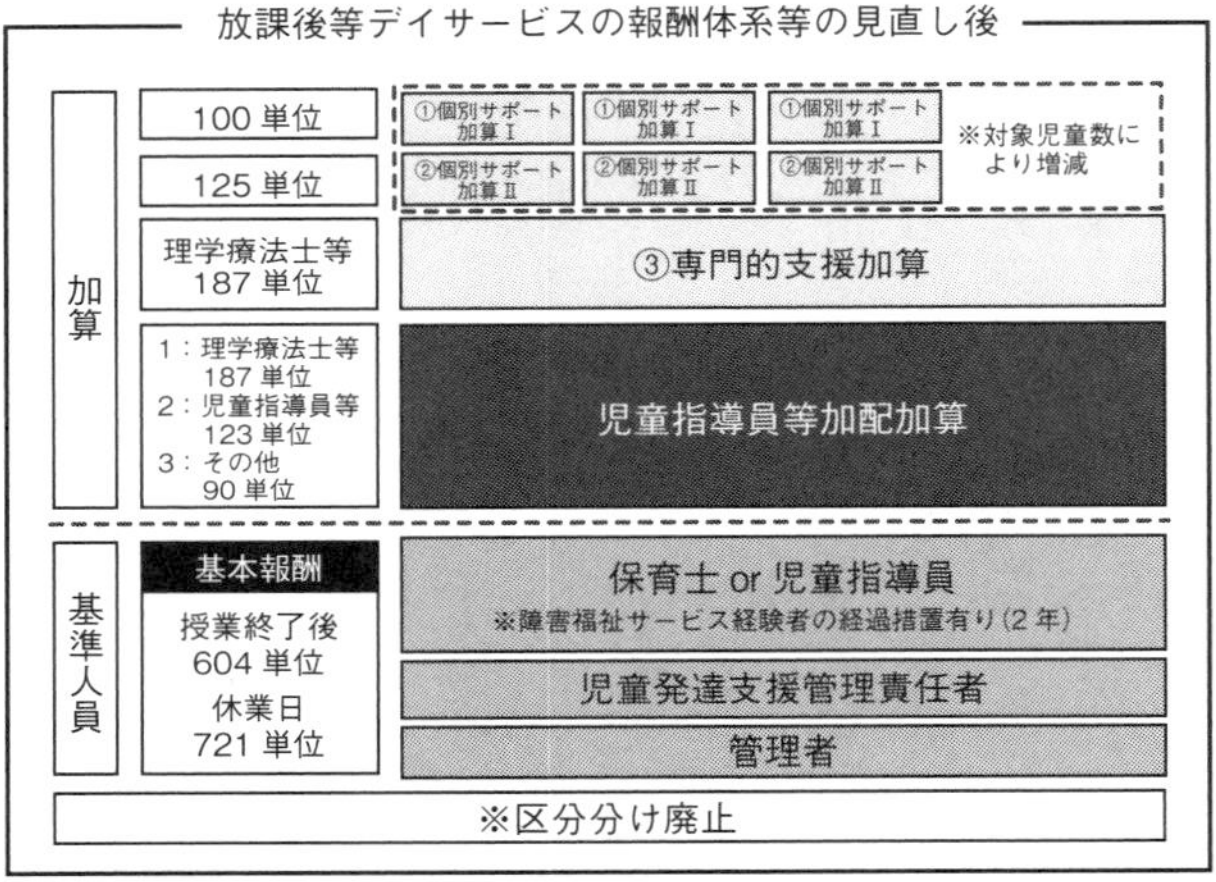

※単位数は障害児（重症心身障害児を除く）に対し授業終了後に指定放課後等デイサービスを行う定員10名以下の場合を記載
※上記図の高さは単位数とは一致しない

出典：厚生労働省「令和３年度障害福祉サービス等報酬改定における主な改定内容（令和３年２月４日）」

リテーションを行うことはできないので、結果として子どもを預かっているだけ、テレビを見せているだけといったサービスになりがちです。

国としては積極的に専門職を配置してもらいサービスの質向上を図りたい狙いがあり、法定基準より多く人員を配置する事業者には「児童指導員等加配加算」の制度を設けています。算定額は事業所の規模や加配された職員の資格によって変わりますが、右の図に示したようにOT配置に関する専門的支援加算は加算単位が高く設定されています。

加算があったところでコスト高であることは変わらないのですが、私はPTやOTなどの専門職の採用は惜しみません。経営でよく「選択と集中が大事」といわれるとおり、OTの配置こそ投資を集中させるポイントだと私はとらえているからです。

発達障がい児をもつ保護者の間ではOTが貴重なことが知られていて、ほかの児童デイサービスが通いやすい場所にあるにもかかわらず、リハビリテーションを受けたいがためにわざわざ時間を掛けて遠方の事業所に通所する子もいるほどなのです。私の事業所も定員に空きが出てもすぐに埋まってしまう状況が続いています。

質の高い専門職による支援を提供することがほかとの差別化になり、保護者に選ばれる理由になるのです。そのために惜しまず専門職の雇用を行うことのほうが、広告宣伝費を多く割いて折り込みチラシをばらまくよりはるかに効果的です。

専門職の採用を成功させるポイント

児童デイサービスの開業準備のなかで人財の確保は最大の関門です。日本は少子高齢化や人口減少で現役世代の人口ボリュームが減っていることに加え、福祉業界は待遇面や仕事のハードさから敬遠されがちで、しかも離職率が高いという三重苦です。そこに法定人員の基準が加わるので、さらに採用の難度が上がります。開業することを決めたらすぐに採用に動き出したいところです。

特にネックとなるのが児発管とOTなどの専門職の採用です。運営の核となる彼らがいないと事業を始めることができませんが、資格が必要なので母数が限られてしまいます。

採用がうまく進まないときは、決して資格さえあれば誰でもいいわけではありません。自社のあるべき人財像と照らし合わせて、礼節や志望動機、福祉人としての考え方や仕事に対する価値観などをしっかり審査することが大事です。妥協して採用しても自社の理念や方針と合わなければ結局辞めてしまう可能性が高いからです。また児発管やOTは直接子供や保護者と接することになるので、人柄や常識的なマナーに不安がある人は、トラブルの元になったり事業所の評判を落としたりする恐れがあります。

「そんな贅沢を言っていたら人が見つからない」と思うかもしれませんが、探せば人は必ずいるはずなので諦めないことが肝心です。もっと自分の力を活かせる職場を求めて転職を考えている児発管やOTはいるものです。

・児発管は「今いる社員に資格を取らせる」のが堅実

児発管の確保には私も苦労しましたが、ほかから当てもなく探してくるより、今いる社員のなかから児発管になる人財を見つけて育てるのが最も確実な方法だと、今は思うようになりました。社会福祉士など該当する国家資格をもち、一定期間以上の実務経験を有し、法定研修を受講したのち、研修を受けることで児発管の資格を取得できます。

児発管は管理責任者を兼ねることが多いのでマネジメントの力は求められます。管理職の経験がなければ研修などでフォローしていくことになります。また児童と高齢者では対応が異なるので現場仕事は最初のうちは戸惑うことがあるかもしれません。私が今、児童デイサービスを任せている施設長も介護現場や障がい者福祉の経験者で、児童福祉の経験はありませんでしたが共通の仕事も多いので慣れるのも早かったです。

・面接で見るべきポイント

いずれの方法にしても大切になってくるのが面接です。職歴や資格などは履歴書を見れば分かりますが、人柄や仕事への熱意などは直接目で見て対話をしないと分からないものです。しかも短い時間のなかで、自社の理念に合っているか、これから合わせていけるか、児童への関わりに興味があるか、福祉人としての考えは共感できるものをもっているか、仕事に対するモチベーションはあるか、などを精度高く審査しなければなりません。

採用面接については私もずいぶん失敗してきました。「この人こそは」と思って採用しても、定着せず早期離職となった人は過去に多くいます。開業当初は人財育成の仕組みもしっかりできていませんでしたから、その人の力を活かすことが十分にできなかったという反省があります。また、求める人財像があいまいで、求人においてそれを明確に打ち出せていなかったということも、採用でミスマッチを起こしてしまった原因でした。今はその反省のもと、求める社員像のペルソナをつくって、ミスマッチが起こりにくい工夫をしています。

事業者ごとに重要視するポイントは違うのですが、私の場合は人柄を見るのに「自責・明・元・素」を重視するようになりました。自責で物事をとらえられる人、明るい人、元気な人、素直な人です。自責とは自責思考のことで、物事の原因が自分にあるととらえる、問題に対して当事者意識をもって取り組んでいる主体的な思考のことです。笑顔や性格が明るい人は職場を明るくしてくれます。児童デイサービスは子どもを相手にするため体力が要るので元気はあるに越したことはありません。人の意見に素直に耳を傾けられる人は、協調性があり自らも向上していけます。また、自社の過去の採用データを見返したときに、「自責・明・元・素」を満たす人財が最もミスマッチが起こりにくく、定着率が良いということが分かってきたのです。

求職者がどれだけ本気でこの会社で働きたいと思っているのか、あるいは事業内容を理解して前向きにとらえているかを知るには「わが社の社名と社長の名前を答えてください」「わが社の理念のどこに共感してくれたのですか」という2つの質問が手掛かりになります。

会社の名前くらい言えないはずがないだろうと思うかもしれませんが、面接で質問してみれば分かります。私は実際に面接で質問していますが、まともな回答が返ってこないことが結構あります。社長にも会社の理念にも興味などなければ、パンフレットやホームページも見ないので答えられなくて当然かもしれません。特に人財紹介会社から紹介されてきた人に勤務条件や給与や休みばかり気にしている傾向が強い印象があります。

とはいえ審査基準が高過ぎるといつまで経っても採用できないので、どこまで人選にこだわるかの線引きも大事です。最初からすべてそろった完璧な人はいません。自社の理念や方針とすり合わせができ、成長の余地のある人であれば私は採用します。そして入社後の研修を丁寧にしっかり行っていきます。

人財戦略は採用するだけではなく定着率を高める視点も必要

介護福祉業界は深刻な人手不足のため求人広告だけでは人が集まらず、人財紹介会社を利用している事業者もいるでしょう。紹介された人財を採用すると紹介元の会社に紹介料を支払う必要があります。事業者としては痛いのですが背に腹は代えられないので、みんな泣く泣く払わざるを得ません。ところが、それだけお金を掛けても1年も経たずに辞めていくケースが結構な割合であります。

私も人財紹介サービスを利用していますが、驚くのは採用して何カ月も経たないうちに「転職しませんか。待遇のよい職場を紹介できます」と社員宛に次の転職への勧誘電話やダイレクトメールが来ることです。紹介会社は登録者を給与の高い職場に転職させれば自社の成功報酬が増える仕組みになっているので、次から次へと転職を勧めてきます。お金に価値をおく人財はそうした紹介会社からの誘いに乗りやすく、すぐに辞めていってしまう傾向が強いです。

全国的に名の知れた介護の上場企業でも、ホワイトカラーはともかく現場は人手不足だといわれているので、中小企業であればなおさらです。採用に掛けた費用と手間を回収したいものですが、それには離職率を下げるしかありません。社員が長く会社に貢献してくれればコスト以上の見返りがあります。

私の会社では創業時から所属している20年選手も複数いて、新人も比較的スムーズに採用できています。近年の離職率は約7％で推移しており、これは介護業界全体の離職率14・9％（介護労働安定センター　2020年度の調査）と比較しても半分の値です。結婚や出産で一度退職した社員が一段落してから戻ってくる例や他社で働いてみてやっぱりわが社がいいと出戻りする例も珍しくありません。

離職率が低い理由としては、仕事を通してやりがいを感じられたり成長を実感できたりすることが大きいと考えています。自己成長ができる環境や成長する喜びを仲間と分かち合える関係がある職場は人が辞めずに定着しやすくなります。

開業1～2カ月前からスタッフ研修を開始

内定を出しているスタッフに対しては早めに研修に入るようにしました。理想では採用は開業の半年前に終え、研修を開業の1～2カ月前くらいから始めると研修が行き届きやすいためです。

私が重きを置いている研修の1つは理念の共有です。経営者が大切にする理念や情熱をスタッフに注入し、全員が心を合わせて進んでいけるようにします。

もう1つ力を入れている研修は業務のシミュレーションです。オペレーションや動線の確認、役割の分担などを明確にしてロールプレイング形式で練習します。オープンすると一気に慌ただしくなりますから開業前にしっかりとシミュレーションして、業務が滞ったりミスや事故が起きたりしないよう入念に準備をしておかなければなりません。

基本的な業務フローは書面やデータにアウトプットし手引きとして残しておけば、スタッフがいつでも確認できて便利です。新しいスタッフが入ってきたときにも共有が早くできます。

エビデンスやプロセスにこだわった誠実な仕事ぶりが評価される

開業にあたっては小学校、保育所、幼稚園、児童館、公民館、相談支援センター、自治体の子ども支援課、障がい児支援の同業者など対象児童やその保護者が利用する場所を中心に営業活動をしました。

同業者にも挨拶に行く理由は、言語聴覚士による口腔機能訓練、読み書きの練習、発育全般を伸ばす感覚統合療法というように、目的のプログラムに合わせて複数の児童デイサービスを使い分ける児童が多いためです。それに今の事業所に満足がいっておらず、別にもっといい事業所があればそちらに移りたいと思っている保護者もいないとは限りません。

営業活動にはチラシやパンフレットを持参し、窓口や掲示板などに置いてもらうように依頼しました。その際、事業所の特長（作業療法を提供しているなど）を伝えておくと、発達障がい児をもつ親が相談に来たときに紹介してもらいやすくなります。

私が児童デイサービスを開業するときには施設長が営業活動に行ったのですが、「うちはプランなき支援はいっさいしません。それが経営者のポリシーなのです。ですから、子どもを預かるだけ、遊ばせるだけといったサービスは提供できません」とはっきり説明してきたそうです。個別支援計画を立ててそれに基づいたサービスを提供するというのは当然のルールなのですが、それを聞いた相手は非常に感心していたと聞きました。児童デイサービスとして当たり前の支援サービスを提供できていない事業所がいかにあるかという証左で、同じ業界にいる者としては恥ずかしいことですが、これが偽らざる実態なのです。

逆にいえば、当たり前のことを当たり前にするだけで他社と差別化ができるという話でもあります。立派な設備や派手な宣伝活動をしなくても、実直に誠実に仕事をすることで十分に集客は可能なのです。

SNSと保護者ネットワークを最大活用

児童デイサービスの広告宣伝として効果があるのは、まずはエリア内への新規開業を知らせるチラシの配布です。これは開業したことや事業所の場所を地域の人に知らせるためにも最低限必要なことです。ほかには関係各所に置くためのパンフレットやグーグルへの広告掲載などの活用が一般的です。

お金を掛けなくてもできるPRとしては、インターネットを最大活用しました。ホームページやフェイスブック、インスタグラム、ツイッター、ユーチューブは保護者がよく情報収集に使っています。チラシやウェブ広告は興味のない人にも届いてしまうため無駄が多くなりがちですが、SNSは児童デイサービスの情報が欲しくて検索している人たちにヒットするので効果的だと考えました。

保護者コミュニティーのネットワークというのは驚くほど強力で、あっという間に情報が広がっていきます。「あそこは○Tさんがいるよ」「今度新しい事業所ができるらしい」と誰かが言えば、それが瞬時に共有され拡散されていきます。逆にいえば、悪い噂も広がりやすいということなので要注意です。

私が息子をどこの小学校に入れるべきか迷っていたときも「公立なら○○小学校の支援が手厚い」や「△△小学校には療育のできる教師がいる」などの情報を教えてもらって助かった経験があります。

開業前にウェブの仕組みをつくっておく

ときどきホームページを作りっぱなしでリリース時から情報更新をしていないとか、知りたい情報がさらっとしか書かれておらず要領を得ないといったサイトを見掛けますが、これはとてももったいないことです。せっかく質の高いサービスを提供していても、それが保護者に届かなければ見つけてもらうことはできません。

インスタグラムやフェイスブックでこまめに情報を発信し、気になった人がホームページにアクセスして詳細を知ることができる仕組みがあると効率的にマーケティング活動をしていけます。

私もＳＮＳの仕組みをつくってみて、思っていたより手軽にできると感じています。最初にアカウントを作成することなどが少し手間ですが、一度作成してしまえばあとは日々の更新だけなので運用はそれほど大変ではありません。札幌には児童デイサービスの情報が集まるポータルサイトがあるため、そこに公式ブログを登録しておくことが間口を広げるのに有効でした。おそらくどこの地域にも情報交換のためのポータルサイトがあると思います。

日々の投稿は誰か一人のスタッフに任せるのもいいですが、複数が交代制で担当してもそれぞれの個性が出て面白いものです。ただしＳＮＳは誰でも簡単に発信できてしまうので、不適切な発言や利用者の個人情報が分かってしまうなどの危険も孕んでいることは注意しなければなりません。私の事業所ではスタッフに対してネットリテラシーの研修をするようにしています。

営業日、営業時間は運営方針に合わせて柔軟に設定可能

事業所の営業日や営業時間帯は運営基準のなかで事業者が設定することができます。私の事業所は月曜～金曜の10時～17時にしています。児童発達支援は10時～12時、放課後等デイサービスは14時～17時で、一人あたりの滞在時間は1時間～1時間30分です。私の事業所ではあくまでもOTによる感覚統合を柱とした支援を提供したいためです。

土日祝日を休業日とし平日も夕方5時までにすることによってメリットも生まれています。一つはスタッフの採用がしやすいことです。児童デイサービスの戦力となってくれるスタッフは女性が多く家庭をもっている人も多いので、ワーフライフバランスが取りやすいと喜ばれます。

もう一つは勤務時間を短めに設定することで、スタッフの時間の使い方が上手になるこ

とが分かってきました。決まった時間内に集中して業務を行うことが社内風土の一つになってきて、余計なお喋りをしたり仕事を緩慢にしたりといった姿は今ではほとんど見られません。

保護者からは「土日もやってほしい」「もう少し長い時間預かってほしい」という要望もあります。営業日や時間を増やせばそれだけ事業所の収入も増えるので経営的には可能性があることなのですが、私はあえてその選択はしませんでした。子どもを預けたいだけならほかの事業所を利用してもらえばいいし、良質なサービスを提供するためには社員の待遇を優先するべきだと考えたからです。

そもそも私がこの事業をする理由の一つに、福祉従事者の待遇改善ということもあります。経営者になった当初から、社員を物心ともに幸せにすることを自身のミッションに掲げ、給与ややりがいの向上、誰もが働きやすい職場環境、心理的安全性のある組織づくりなどに取り組んできました。営業日や稼働時間についてもその一環ととらえています。

個別支援計画に基づく一貫性ある支援の提供は欠かせない

子ども一人ひとりに対するプログラムは個別支援計画に基づいて実施していきます。個別支援計画は介護のケアプランに相当するもので、つくり方はほとんど同じです。保護者から子どもの特性や困りごと、これからどうなっていきたいのかなどをヒアリングし、到達目標を立てて、それに応じたカリキュラムを組んでいきます。実際のプログラムを提供してその効果を6カ月ごとに評価し、見直しをして次の計画書を作成するという流れになります。

個別支援計画はその子の力を伸ばしていくための設計図なので、これがないと話が始まりません。私が知っている話では、ある事業所でスタッフが1年前の計画書を出してきて、悪びれることもなく保護者に「ハンコをもらうのを忘れていたので今押してもらえますか」と言ったそうです。いったいその事業所の支援方針はどうなっているのかと唖然とした実話です。

計画がないということは目標も評価も振り返りもないということです。つまり、行き当たりばったりの一貫性のない支援になったり、そもそも根拠や目的に基づく支援をしなかったりといった事態を引き起こします。いい加減な支援（支援とも呼べませんが）をしていると、効果が出ないばかりか事故につながりやすい点も看過できません。真面目にやってきた者からするとあり得ないことなのですが、残念ながらそういう事業所が散見されます。それをどう取り締まっていくかが今、問題になっています。

介護との違いを踏まえ、児童に合わせた支援が大事

高齢者介護と児童支援は、「本人の生きる力を引き出す」という点では共通していますが、まったく異なる部分も多く、注意が必要です。

高齢者は人生を長く生きてきて、人生の穏やかなステージに入っている方々です。デイサービスに通う目的は少しでも機能の改善・維持をして、生きがいや楽しみを見つけ、自分らしく尊厳をもって最後まで生き抜くことになります。人にもよりますが人生の残り時間をどう生きて、どう締めくくるかにテーマが置かれることが多いです。つまり、どんどん新しいことにチャレンジさせてできることを増やしていくというよりは、今あるものを

大切にして心安く暮らすための支援をしていくことになります。

一方、児童の場合は肉体と精神の両方がつくられる時期で、発達・成長していくエネルギーに溢れています。これから社会に出て人生を切り開いていかねばなりません。そのための才能やすべをいかに獲得し伸ばしていくかがデイサービスに通う目的になります。

その目的を達成するには、好きなことや得意なことを伸ばして自分を好きになってもらうとともに、新しいことにも挑戦させて本人の能力を開発していくといった支援が必要です。また保護者もセットで支援していく必要があります。子ども自身と同じかそれ以上に不安がっているのは保護者だからです。

ライフステージの序盤にいる児童と終盤にいる高齢者の支援の性質の違いを理解しておくことは大事です。特に介護事業を長くやってきた事業所では、高齢者向きの穏やかな生活への支援に慣れているために、子どもたちのスピード感についていけないことがあります。体力的にも子どもを相手にするのは大変だと感じることがあるかもしれませんし、保護者対応が難しいと思うかもしれません。

しかし、児童を相手にしていると高齢者相手とは違う学びや発見があります。例えば発達がゆっくりであっても本人なりのペースで伸びていく姿に勇気がもらえたり、その子にどんな可能性が秘められているかを見つけていく面白さなどがあったりします。

介護事業には介護事業の、障がい児支援には障がい児支援の、それぞれの魅力があるということです。スタッフ教育ではそれぞれの違いや魅力について説明し、適切なケアやサポートができるように教えていくことが大事です。

保護者の悩みに寄り添い、信頼関係を築く

児童デイサービスに来る保護者のなかには子育てや子どもの将来について悩みを抱えている人がたくさんいます。親子のコミュニケーションができなくてつらい、子どもを叱ってばかりで親失格なのではないか、ほかの子を叩いたり物を投げたりするのをやめさせたいがどうしても止められない、子どもが学校に行きたがらなくて困っている、勉強についていけない、クラスで孤立している、非行に走って犯罪でも起こしはしないかと考え出すと不安が止まらない、将来自立できるのか、自分がいなくなったらこの子はどうやって生きていくのか……など切実な悩みが多いです。

発達障がいは身体障害や知的障害などほかの障がいに比べて見た目では分かりにくく、本人の性格の問題と見なされる場合も多くて、周りから理解されにくいという特徴があります。配偶者やその親など身内からも「あなたの育て方が悪い」「しつけがなってない」などと責められ、一人で悩みを抱えているケースが非常に多いのです。子どもが小さい間は特に、本人より親のほうが切羽詰まっていて療育に助けを求めています。

そういう保護者に寄り添い、共感し、精神面でのサポートも児童デイサービスの大切な役割です。保護者の思いを理解し、信頼関係を築く取り組みとしては、例えば次のようなものがあります。

・連絡ノートや送迎時のコミュニケーションを密に

保護者とスタッフとのコミュニケーションツールとして連絡ノートを活用します。児童がデイサービスに来た日の支援内容や本人の様子、できたことやできなかったこと、家で取り組んでほしいこと、その他連絡事項などをその日の担当スタッフが連絡ノートに記録して保護者に渡します。

保護者のほうでも家での本人の様子や事業所・スタッフへの要望、わが子について気になっていることなどを書いてスタッフに渡します。

送り迎えなどで保護者と顔を合わせる機会も多く、そういうときは短時間でも言葉を交わして気軽に話ができるように関係づくりをします。特に女性はちょっとした話でも聴いてもらい、相手に共感してもらうと落ち着くようです。

こうしてまめに情報を交換することで保護者はスタッフの人柄や事業所の質、療育の効果などを知ることができ安心します。またストレスのガス抜きにもなります。

良いことだけ伝えるのではなく、できなかったことや良くなかったことも正直に伝えることがポイントです。保護者はわが子のありのままの様子を知りたいと思っているので、マイナスの面を隠されるより正直に伝えてもらったほうがありがたいのです。

伝え方のコツとしては、マイナスの情報にプラスの情報を添えることです。「今日はほかのお子さんとケンカしてしまいました」と伝えたら、「でも、ちゃんと謝ることができて偉かったです」と添えるなどです。マイナスのことも知りたいとは言ってもマイナスのことだけ言われるとやはり保護者は落ち込みます。しかし、良いことも言ってもらえれば少し気持ちが救われます。

・面談後1週間以内にフォローアップ

保護者とは6カ月に1回、支援計画の見直しのタイミングで面談を行います。児発管から今期のサービス提供状況の振り返りや、本人にどんな変化や成長があったか、今の課題や目標などを伝えます。また保護者からも家や学校での様子、親の目には子どもはどのように映っているか、何か困りごとはないかなどをヒアリングして、来期の支援計画やプログラムに落とし込んでいきます。

定期面談以外にも気になることや心配なことなどがあれば、いつでも面談を受け付けます。私の事業所では面談でヒアリングしたことはその日のうちにスタッフ間で共有し、後日ミーティングなどを設定して今後どのように対応していくかを話し合うことにしています。そして、面談から1週間以内に具体的な対策・対応を決定し、保護者に報告していきます。

聞きっぱなしでは「あの要望はどうなったか」「本当にちゃんと改善されるのか」と保

護者に気を揉ませてしまいます。きちんとフォローアップすることで保護者の信頼を得ることができるのです。

・ニーズとサービス・プログラムが合わないときには、ほかの施設と連携

保護者の相談内容によっては対応が難しいこともあります。例えば施設で提供しているプログラムとどうしても合わないというケースであったり、休業日に預かってほしいなどこちらで受け入れることができない要望があったりする場合などです。

そういう場合は「うちでは無理です」と突き放すのではなく「その要望なら別のデイサービスがいいと思います。心当たりがあるので紹介しましょうか」とか、「相談支援センターなら情報をもっていると思うので問い合わせてみてください」というように保護者が次のアクションを起こせるようにしています。

・家族間でのコミュニティーづくり

発達障がいの子をもつ親たちは周りに相談できる人が少なく孤立しがちです。また特性

のある子の子育てについて親同士で情報交換をしたいというニーズも多くあります。そこで私の事業所では茶話会、オンライン茶話会を主催し、保護者に参加を呼び掛けています。毎回たくさんの保護者が参加し、積極的な情報交換をしている姿が見られます。

朝夕の「成果の共有」で社内を笑顔だらけにする仕組み

スタッフ間の情報共有は日々の業務のなかや日報でも行っていますが、わが社の取り組みで自慢としているのが、朝礼時と終礼時に行う成果の共有です。

支援の仕事は成果が目に見えにくいものが多くあります。教科学習なら全問正解できた、点数が上がったなどの数字で成果が分かりますし、ものづくりならモノができるので完成度が分かり、出来上がれば達成感があります。しかし、支援はモノや数字が出るわけではないのでスタッフが成果を実感しにくいのです。達成感や手応えがなければ仕事は虚しく感じられ、場合によっては燃え尽き症候群になってしまうかもしれません。

そこで毎日朝と夕にその日のスタッフがそろい、「今日あった良いこと」を報告し合う取り組みをしています。「今日○○くんが一人でトイレに行けた」とか「スタッフが言わなくてもランドセルを棚にしまうことができた」など、どんなことでもいいのです。良いことを見つけるクセが付くと、マイナスのことばかりに目が行かなくなり思考そのものがプラスになっていきます。それがストレングス視点の訓練にもなっているのです。

みんなで毎日その成果を確認し喜びの拍手を送り合うことで、自分たちの成果を実感することができます。特にすばらしい関わりをした人には月間MVPや年間アワードを送っています。

わが社の理念に「感謝と感動に溢れる」という文言があるのですが、この取り組みをするようになってスタッフの笑顔が確実に増えました。頑張りが認められてうれし涙を見せるスタッフもいます。

目に見えない大事なものは目に見えるように仕組み化していくことでモチベーションのアップにつながり、職場環境や提供するサービスの質も良くなっていきます。

学校やほかの事業所との連携・情報共有

子どもたちは家庭と児童デイサービス以外にも学校や病院、ほかの支援施設、習いごと教室などいろいろなところに通っています。デイサービスにいるときだけその子を支援すればいいというのではなく、関係各所が連携してその子を取り巻く世界ごと支援していくことが重要だと考えます。

そのため学校とデイサービスと両親の三者でミーティングができれば理想的です。それぞれの場所での子どもの様子や課題などの情報交換をすることで、三者が協力して支援できるようになり支援の効果が高まるからです。

実際には全員の都合を合わせるのが難しいのですが、札幌市のように自治体によっては介護でいうケアマネージャーのようなコーディネーター的な相談員を配置して、関係者間の橋渡しや調整をしてくれる場合もあります。その他の地域でも今後オンライン面談がもっと一般化してくれれば情報共有の機会が増えていくはずです。

研修は惜しみなく、入社時・職種別・階層別に実施

私の会社では社員は宝という考え方で、「人財」という漢字を使っています。社員は誰しも成長をしていくことができます。期待を掛けて、育つ環境を用意できればしっかりと

成長してくれるのです。

そのため研修には特に力を入れていて、入社時研修、職種別研修（児発管向け、OT向け、児童指導員向け）、階層別研修（管理者向け、主任職向け）、主任以上のマネージャー研修など多彩なプログラムがあり、わが社では延べ時間で年間2000時間以上を掛けています。

研修にはコストが掛かりますが、あえて多くの時間と労力と費用を割くのは、5年後の成長率がまったく違うからです。研修制度やカリキュラムはここ数年で少しずつ改良や取捨選択をしながらつくり上げたものですが、ここまでの形になっていなかった時代と比べて社員の質が大きく向上し、離職率も下がりました。組織力も強くなり、業績のアップにもつながっています。

入社時研修は座学・演習で短期集中

私の事業所の新入社員研修は、この業界においては例がないほど充実しているものと自負しています。同業者に話すといつも驚かれてしまうのですが、入社式から始まって初日にいきなり私の理念研修が4時間あります。それ以外にも施設長や主任などから就業規則やビジネスマナー、自分の強みを知る分析、コンプライアンス、児童保護者対応、リスク管理、苦情処理……など怒涛の研修が5日間、朝9時から夕方5時まで続きます。そして5日間の研修のあとにOJT研修が待っています。

初日から研修で疲れてしまい入社したことを後悔するかというと、ほとんどはその逆です。採用時に私の経営理念やどんな会社かを簡単にですが説明したうえで、ぜひ入社したいという志のある人たちを採用していることもあり、もともと会社への期待値や仕事への意欲が高いのです。それに講師を務めるスタッフたちも講義が上手でグループワークなどの活動も要所要所で取り入れているので、まず飽きることがありません。

児童と関わることの面白さやこの仕事のすばらしさ、子どもたちがどんなふうに成長していくかなどを話すと、身を乗り出すようにして聞いてくれます。「この仕事は子どもたちの未来をつくるお手伝いができる仕事だよ」とか、「その子の人生の1ページ、1コマに忘れられない記憶となって残るよ」と語ると感動の涙を浮かべる者も少なくありません。

この業界は中途採用も多いので、わざわざ「福祉とは何か」「自立とは何か」など話さなくても分かっていると思って流してしまいがちですが、それではいけないと私は思っています。あいまいに始めてしまうとあいまいな仕事になってしまうものだからです。

最初から会社と仕事への理解を深めてもらうことでがっちりと新入社員の心をつかみ、自分たちが進んでいくべき方向に照準を合わせやすくしておくと、自分がなすべきことをクリアに思い描くことができるためモチベーション高く仕事に入っていけます。

階層別、職種別研修は幅広く

階層別や職種別の研修は多彩です。児発管向けは35項目、児童支援向けは47項目、OTは16項目のプログラムがあります。講師は社内の担当者が務めるものもあれば、医師や看護師、社労士など外部から専門家を招いての講座や社外セミナーを利用する場合もあります。動画教材も良いものがあれば積極的に活用しています。

社員たちが自発的に行っている勉強会もあります。この前もSNSの勉強会を開いて、インターネットを安全かつ有効に使うためのリテラシーやSEO対策、いわゆる「映える」写真の撮り方や引きが強い文章のコツなどを教え合い、楽しそうにワイワイとお互いの写真を試し撮りなどをしていました。

傾聴のスキルを高める

すべてのプログラムを説明することはできないのですが、いくつか「これはやって正解だった」というプログラムがあります。その一つが傾聴のトレーニングです。児童や保護者に寄り添うためには心の内を話してもらうことが大事で、そこで活きてくるのが傾聴のスキルです。

傾聴は心理カウンセリングやコーチングなどで使われる手法の一つで、相手の話に耳を傾け、相手が何を話しても善悪の評価やこちらの好き嫌いの評価を加えずに、丸ごと相手を受け止める聞き方のことです。

このような傾聴の手法をもって話を聞くようにすると相手は心の内を打ち明けやすくなり、また「自分のことを分かってもらえた」と感じて聞き手との信頼関係を築きやすくなります。この傾聴のスキルをスタッフには身につけてもらいたいので、私の事業所では傾聴のためのトレーニングをしています。座学だけでなくロールプレイングで実際の面談を再現し、実践力も養います。

ロールプレイングでは2人でペアを組み、それぞれ聞き手と話し手になって面談をします。保護者役の人が話すことを聞き手は共感をもちつつ、ときどきあいづちを打ちながら聞き続けます。5分間ほどしたあと、お互いに良かった点や改善点などを話し合い、今後に役立てます。周りで見ているスタッフがいれば客観的な意見をもらいます。

このようなトレーニングをスタッフ全員に対して定期的に行うことで、一人ひとりのスキルが磨かれていき、全体としてのサービス向上につながるのです。

保護者への伝え方トレーニング

傾聴とセットで行っているのが伝え方のトレーニングです。

デイサービスに来る子どもたちは心の発達がゆっくりであるため実年齢よりも若干幼かったり、発達特性からその日の出来事を言葉で表現することが苦手など、今日あったことを自分で親に話すのが難しい子が多いです。するとデイサービスで嫌なことがあっても保護者に伝えられなかったり、反対に良いことがあっても褒めてもらうことができません。そのためスタッフが代わりに保護者に報告をしてあげる必要があるのです。

連絡を密にすることはもちろんですが、伝え方も大切です。私の実体験から伝え方の悪い例を挙げます。

今から10年前、私が息子のデイサービスを探して複数の事業所を見学に行っていたときのことです。ある事業所でベテランと思われる女性の施設長が、目を合わせようともしないでとにかく動き回ろうとする息子を見て「ダメよ、こんなしつけじゃ！」「あなたたちはどうせこういう育て方をしてるんでしょう」といきなりお説教されてしまったことがあります。私たちがまだ名乗りもしない、相談も何もない段階で一方的に40分もお叱りを受けてしまい、私と妻は悲しくなりました。この人には何を話しても分かってくれないだろうと諦めて、相談したいことがあったのですが何も話さずに帰ってきました。

たとえ同じことを伝えるにしても伝え方があるはずです。そもそも相手は困りごとがあって相談に来ているのだから、まず話を聞いて、それから自分が口を開くのがマナーだと思います。もしあのとき、「お父さんお母さんも大変でしたね」と言ってもらえていたら、私たちはどんなに救われたでしょう。

これは極端過ぎる例ですが、伝え方一つで相手の受け止め方は大きく変わります。自分の言葉が相手にどう伝わっているかを客観的に見る視点が大事です。

傾聴のスキルを身につけていて相手への言葉の伝え方も上手な人は、保護者やスタッフからの評判が良く、ブログなどの文章を書かせてもうまいことが多い印象です。

専門性と人間力をバランスよく高める

私がいつも人間力研修で社員に伝えている話をします。「鬼と金棒」の話です。ある経営者が用いた例えなのですが、なるほどと思ったので自分なりにアレンジして使わせてもらっています。

「人財」育成には2つの柱があり、1つが専門性でもう1つが人間力です。どんな仕事をするにしても、この2つを両方とも高めていくことがわが社の考える「あるべき人財像」へとつながっています。

専門性を金棒に置き換え、人間力を鬼に置き換えてみます。金棒が大きくて鬼が小さい場合、鬼は金棒を持っているだけで使うことができません。無理に使おうとすると怪我をします。実務経験が10年ある、資格を複数もっている、難度の高いリハビリの技術があるといっても、人間力が足りないとそれを正しく使ったり、十分な効果を出したりはできないということです。

逆に鬼が大きく金棒が小さいと金棒が物足りません。しっかり挨拶ができるとかコミュニケーション力が高い、学ぶ姿勢がある、接遇に心がこもってすばらしいといっても、専門性がないと児童や保護者から信頼は得られず、子どもの自立度を高めていくことができません。

金棒も鬼も小さい場合は、敵と戦っても勝負にならず軽んじられて終わりです。鬼も金棒も大きいときは強くなり、周りの鬼たちからも一目置かれるようになります。つまり、専門性と人間力の両方を大きく育てればたくさんの人を幸せにできるということです。

どちらも未熟な場合、どちらを優先的に高めていくかといえば人間力のほうです。ものを相手にする仕事なら技術が優先かもしれませんが、児童支援は人を相手にする仕事なので心がないと困ります。

専門性を磨くことより人間力を磨くことのほうが時間が掛かるという理由からも、人間力から優先的に磨くことをしています。専門性はある程度マニュアルで覚えていけますが、人間力にはテキストがないため試行錯誤することになります。若いうちからいろいろな体験をし本を読み、人に揉まれている人は人間的に成熟している人が多いです。失敗や挫折を経験して人の痛みを知るということも大切かもしれません。

［第4章］

理念を明文化し発信することで児童デイサービス事業はさらに盤石になる

マニュアルだけでは事業は完成しない

児童デイサービスの開業の手順とポイントをお話ししてきましたが、これを押さえるだけでは事業は完成できません。児童デイサービスをただオープンするだけならマニュアルをなぞるだけでもいいのです。しかし続けていくには企業理念や経営哲学、情熱が不可欠です。

私はよくスタッフに「マニュアル人間にはならないでおこう」「テクニックだけ磨くのは片手落ちだよ」という話をします。大切なのは成果を高めるための習慣的な行動であり、その人の人間力です。いくら完璧なマニュアルがあっても、それを使う人が正しく使わなければ宝のもち腐れとなります。かといってマインドだけでも事業は前を向いて進んでいきません。やはりマニュアルとマインドの両輪がそろうことが大事といえます。

私自身、両親の会社を継いだばかりのときはいくつもの失敗をしました。自分が思い描くサービスが実現できない、社員が育たず辞めていく、自分の熱意だけが空回りする……といったことです。自分では一生懸命思いや考えを伝えているつもりなのですが、それが社員には十分に伝わっておらず組織に浸透していきませんでした。伝え方には工夫がいると気づいてから、それまで以上に経営の本を読み漁り、経営者の先輩に教えを乞うて、経営理念や事業ビジョンを社員に見せていくための具体的な方法をつかんでいきました。ここで紹介するのは私が実践してきた理念共有の核となる部分です。

おそらく多くの事業者が理念共有や人財育成に頭を悩ませていることでしょう。日々の業務が忙しく、社員教育に十分な時間や費用を割けないというのが本音かもしれません。しかし、現状に甘んじているといつまでも社員は育ちません。私のやり方が自社以外にどこまで通用するかは分かりませんが、一つのヒントになれば著者として光栄に思います。

理念とは海原を航海する大型船の羅針盤

そもそも理念とは何かという話ですが、私は船に例えて考えています。大きな客船があり、私がその船長だとします。多くの乗客が乗り合わせ、それをアテンドする大勢のスタッフたちが忙しく働いていて、これから広い海に乗り出そうとしています。

このとき船が目的の港を目指すためには羅針盤が必要です。羅針盤がなければ進むべき方向が分かりません。この羅針盤が会社でいう理念に当たります。ちなみに目的地までのルートを示す航海図は経営計画に当たります。

もっと詳しくいえば、「会社の進むべき方向性を示すもの」「大切な価値観を示すもの」「迷ったときの判断基準」が理念です。これらがきちんと示され、スタッフに共有されていないと、それぞれが勝手な価値観や判断でバラバラに動くことになり、行く先を見失って迷走したり事故を起こしたりすることになってしまいます。

会社にとって理念は最も初めに掲げるべきもので、すべてはここから始まります。

理念や哲学を明文化するには

理念は会社にとっての羅針盤だと説明しましたが、船長だけが羅針盤を見ていてもワンマンプレイになってしまい、スタッフはついてこられません。そこで必要になってくるのが理念の明文化です。理念を言葉や文字にして全員に示し、その意味を理解させて浸透させることが大事なのです。

理念としてどんなことを語ればいいか、頭のなかにはあるけれどもアウトプットができないという人もいるかもしれません。そういう場合は身近な人に話してみると、喋っているうちに少しずつ整理されていきます。気心の知れた経営者仲間に話してみると「こういう考え方もある」「こっちの表現が伝わりやすいのでは」など意見やアドバイスがもらえるかもしれません。それを受けて対話しているうちに、漠然とした考えが輪郭をもってくるのです。

ある程度、考えがまとまってきたら実際に文章に書きだしてみます。明文化のポイントとしては①これは外せないというキーワードを軸にする、②標語のように覚えやすい長さにする、③分かりやすく印象に残る言葉を選ぶなどです。

経営哲学や人生論について書かれた本を読むのも、私には良いヒントになりました。私は経営やマネジメントの本を読むのが好きなのですが、何気なく読んでいる本のなかにも「自分が言いたいことはこれだった！」と膝を打つ場面がときどきあります。自分では思いつかない印象的なフレーズと出合って参考にすることもあります。

私の場合は理念をまとめた「ゴールドスタンダード」を策定しています。超一流のホスピタリティー（心のこもった最高のサービス）で知られるグローバル企業、ザ・リッツ・

カールトンの企業理念であるゴールドスタンダードに学びを得て、自社に合わせてつくりました。介護や支援も単なるサービスで終わらず、ホスピタリティーにまで高めたいという思いからザ・リッツ・カールトンを手本にしています。

理念を集めたゴールドスタンダード

私の会社のゴールドスタンダードは次の6つでできています。これによって会社としての背骨が形成されたと言っても過言ではありません。

①クレド（最も土台となる考え方であり存在意義）
②ミッション（社会に対して実現したいこと）
③私たちの誓い（社員としての約束事）
④行動規範（社員としてのあるべき行動ルール）
⑤For Customer宣言（利用者へのサービス精神）
⑥スローガン（今年度の重点方針）

クレドとミッションは自社の存在価値と使命を明文化したものです。クレドはラテン語で「信条・志・約束」を意味します。わが社のクレドは「『感謝』と『感動』に溢れ、私たちと皆様が、幸せになれる未来を開きます」です。また、ミッションとは使命であり、社会に対して実現したいことであり、わが社のミッションは「地域の笑顔をひとつでも増やすこと」です。

クレドには支援や介護のサービスを通して感謝と感動を追求し、自社の社員や利用者が幸せになることを目指すという思いを込めました。求めるのはお金や名誉ではなく、自分も含めた関わる方々の物・心ともに豊かな人生であることを表しています。

クレドとミッションを具体的な行動に落とし込むために、私たちの誓いと行動規範があります。行動規範としては「自責、明・元・素」を掲げています。他人を責めるのではなく自分自身を省みることや、明るく元気で素直であることを社員の行動ルールとすることで自己成長を促し、雰囲気の良い職場づくりを目指しています。

For Customer宣言は「目指すべき介護や療育のあり方」「本当の意味での自立支援とは

何か」を示したものです。

そして、会社全体として取り組むスローガンと部門ごとで取り組むスローガンを毎年つくっています。今年度の会社のスローガンは「社員がShine!」と語呂合わせも兼ねて、社員が輝けば会社が輝き、その照り返しで利用者さまやご家族を輝かせていきたいとの想いを込めています。

理念には、これが正解というものはありません。介護事業で目指すものと児童支援で目指すものは本質的に同じなので、今ある企業理念やミッションが当てはまるならそのまま使うのもいいですし、児童支援向けに少しアレンジして流用するのもいいと思います。

大事なのは、大切にしたい思いやキーワードが込められているかです。また、社員が実行することを前提につくっているかもポイントです。いくら立派な理念を掲げても、実行できなければ絵に描いた餅に過ぎません。

ゴールドスタンダードは暗記暗唱を徹底

私の会社ではこのゴールドスタンダードを入社時の最初の理念研修で詳しく説明し、社員に暗記させて完璧に覚えているかを一人ずつ暗唱テストします。なぜなら、そもそも覚えていなければ実行できないからです。

暗記そのものはそんなに難しいことではありません。暗記のための時間も与えますし、難解な言葉も使っていないので、ほとんどの社員は初日のうちに一言一句間違うことなく暗唱して合格します。

重要なのはここからです。「覚えている」ことと「実行できる」ことの間には隔たりがあるため、暗記したことがその人のなかにしっかりと沁み込み、行動に移せるようにするところまで導くことが肝心です。理念を具体的な行動に落とし込み、無意識に行動できるまで心と体に浸透させていくのです。そのために私はあの手この手を使って工夫を凝らしながら年間2000時間を超える研修をしているのです。

「感謝・感動・幸せ」とは

クレドのなかで私が言う「感謝」とは、人からもらうものではなく、自分から与える感謝のことを指しています。利用者に対しては「お世話をさせてもらってありがとう」、同僚に対しては「いつも助けてくれてありがとう」というように、常に謙虚な気持ちで物事に感謝し、自分から積極的に「ありがとう」を伝えていけば周りが笑顔になります。その笑顔を見て自分もうれしい気持ちになります。

また「感動」については、小さな感動をたくさん拾っていこうという意味です。忙しかったり心が疲れたりしているときは、どうしても視野が狭くなり、つい日常にある小さな感動を見過ごしがちです。そういうときほど周りをよく見て、目立たないけれどもキラリと輝く感動を拾ってほしいのです。そうすれば心の養分となって気持ちが明るく元気になります。

そうやって感謝と感動でいっぱいにしていけば、社員一人ひとりが満たされ、周りの人に優しくなれます。つまり、自分自身が「幸せ」であれば周りの人にも幸せの連鎖反応が起きて、みんなで幸せになっていけるのです。

感謝や感動を増やす仕組みの一つが、毎日の成果の共有であり、月間ＭＶＰやクレドアワードです。このように理念と実践とを結びつけて仕組み化していくのが、理念を一人ひとりに定着させるポイントです。

自分がしてほしいサービス、家族に受けさせたいサービスの追求

私が「私たちの誓い」で掲げているのは次の3つです。

・自分の親にしてほしい介護
・自分がしてほしいサービス
・自分の子に拓きたい未来

利用者に対してどんなサービスをしていくべきかの指標として、この3つを挙げました。自分がしたいサービスではなく、相手がしてほしいサービス、本当の意味で利用者のためになるサービスとは何かを考えることで質の高いサービスを提供していけます。

例えば落ち着きのない利用児童がいたとして、ほかの児童の迷惑になるからおとなしくさせるというのは大人の側の都合です。黙りなさい、座りなさいと命令しておとなしくさせたところで、その子がじっとしているのはその場限りで、場面が変われば同じことの繰

り返しになってしまいます。

これが自分の子どもだったらと考えると対応が変わってくるはずです。親ならわが子に何を望むかと考えれば、そわそわしてきたときに本人が自分自身をコントロールできるようになってほしいと思うはずです。それができれば場面が変わっても自分を落ち着かせることができるからです。

とするならば、本人にクールダウンする方法（その場をいったん離れる、目や耳を閉じてみるなど）を教えて練習していくことが必要な支援になってきます。その子にとっての未来をイメージして必要な支援をしていくことが大事なのです。

このように、何がいちばん利用者のためなのかを長い目で考えて行動することで、真の自立支援ができるようになっていきます。そして満足を超えたサービスが提供できたとき、それは感動を呼び起こしホスピタリティーとなっていきます。

利用者には「ありがとう」から「おめでとう」へ

私たちの誓いをより具体化したものがFor Customer宣言です。For Customer宣言では、介護や療育のあるべき姿を示しています。

介護や療育はともに自立支援ですが、自立支援が何かを正しく理解している人は必ずしも多いとはいえません。新卒社員はこれから学んでいく白紙の状態なので分からなくても仕方がありませんが、ベテランの中途採用者でも勘違いして理解している人がいるのです。

これまで支援や介護の現場では、その人のできないことを代わりにしてあげる、できるようにしてあげることが多く行われてきたように思います。例えばデイサービスに来た高齢者が腰をかがめて靴を履き替えようとしているのをスタッフが見て、「体が悪いのに大変そう」と思い、気を利かせて履き替えさせてあげるという場面はありがちです。

履き替えさせてもらった利用者は「ありがとう」と言い、スタッフは自分が役に立ったことがうれしくて、また次も似たような場面があったら同じようにしてあげようと思うはずです。

このスタッフの行動は一見利用者想いの優しい行いですが、利用者の自立という観点ではあまり望ましくありません。利用者本人が工夫しながら履き替えることが一つのリハビリであるのに、その大切な機会を奪ってしまっていることになるからです。人に手伝ってもらっている限り、この利用者はなかなか自分でできるようにはならないと考えられます。もちろん障がいの程度にもよりますが、何でも先回りしてやってあげることは必ずしも本人のためになりません。

本来の介護や支援は「大変だけど頑張って履きましょうね」「急がなくていいですよ」と励ますことです。転ばないように座ってもらったり体を支えたりといったサポートをしつつ、本人が履き替えるのをそばで見守って、その努力や成果を一緒に喜び合うというのが、私が目指す支援や介護のあるべき姿です。うまく履き替えができなくても「よく頑張りましたね」「あと少しですね」と応援することで、次につながる意欲をもてるようになります。

つまり、施しではなく、本人が自立に近づくための励ましをすることが、私たちの仕事だと考えます。

こちらから施しをしてあげると、相手は「ありがとう」と言ってくれます。人からありがとうと言ってもらうのはうれしいことで、つい感謝の言葉を求めていろいろしてあげたくなってしまいがちですが、ありがとうを言わせない対応こそが本当の自立支援だと私は思っています。スタッフにも「ありがとう」より「おめでとう」が溢れるデイサービスにしようと、いつも話しています。

この自立支援の考え方は児童の療育においてもまったく同じです。子ども本人が前向きに取り組めるよう支援し、小さなことでも前進したら褒めて一緒に喜びを分かち合う。スタッフ全員そのスタンスで仕事ができたら、感謝と感動に溢れるデイサービスが実現するに違いありません。

仕事に意味を感じられる場面を増やす

今期のスローガンである「社員がShine!」の実践については、施設ごとに毎日、「Shineトーク」を設けて成果の共有をしています。その日にあったゴールドスタンダードにまつわる話を1人ずつ発表していきます。例えば「今日こんな良いことがあった」「こんなことで感動した」「こんなことをしてくれたスタッフにありがとう」などです。1人が報告し終わるごとにみんなで拍手をして称え合います。

毎年年始に理念の文言を書き初めするより、日常に理念を感じられる場面を増やすほうがずっと浸透が早く定着も良くなります。

仕事の意味が感じられるようになると、一人ひとりの仕事に対するモチベーションや質がプラスの方向に変わってきます。ドラッカーの著書『マネジメント』のなかに、石工に向かって「あなたは何のために働いているのですか」と尋ねる寓話があります。1人目は「これで俺は飯を食っているんだ」と答え、2人目は「俺は石工のプロとしてこの仕事をしているんだ」と答え、3人目は「村人たちの拠り所となる教会を建てているんだ」と答えたというのです。このなかでドラッカーは同じ仕事をしていてもどんな意味を与えるかで仕事のやりがいは変わってくるもので、3人目の石工のように多くの人に共通する意味づけをすることが仕事の大きなやりがいにつながると説いています。

介護や療育の仕事は肉体労働が多く、汚物を扱う仕事もあります。単純作業に近い地味な仕事も多いです。しかし、そこに意味づけをしていくのが理念です。

子どもたちが大人になったときに本人がどうなっていてほしいのか、またどんな社会になっていてほしいのかを考えて仕事するのと、そうでないのとでは働きがいがまったく違ってきます。「自分たちが何のために働くのかを示すのが理念だ」と説明すると、社員たちを納得させることができます。

理念の共有ができる職場は離職率が低い

理念教育は社員の成長やサービスの質向上だけでなく、離職率にも影響してきます。

介護労働安定センター（2016年度調査）によると、介護職員の離職理由トップ3は「職場の人間関係に問題があったため」23・9％、「結婚・出産・妊娠・育児のため」20・5％、「法人や施設・事業所の理念や運営のあり方に不満があったため」が18・6％です。「収入が少なかったため」は16・5％で6番目でした。また、同センターの2019年度調査では離職者の60・2％が就業後3年未満で辞めており、さらに33・1％が1年未満で離職しています（いずれも正規職員）。

賃金の低さや業務の大変さが介護職員の主要な離職原因だと思われていましたが、実態はそれがいちばんの原因ではなかったのです。そもそも賃金は入社時の契約で了解しているはずで、仕事が大変なこともこの道を志す者としては百も承知のはずなので、そこに不満があって辞めてしまうケースはさほど多くはありません。それよりも「人間関係」や「法人の理念や方針」が離職の直接の引き金になっているのです。

つまり、この2つを解決することができれば、40％近くの離職を防ぐことができる可能性があります。そして、この2つを改善するいちばんの近道が理念教育です。

理念でしっかり会社の経営方針やビジョンを示し、この会社でキャリアを積むとどういう自己実現がしていけるのかを見せることが大切です。また理念に基づく人間教育をしていけば職場の人間関係は良くなり、働きやすい環境が熟成されます。だからこそ理念は重要で、その教育に力を入れていくべきなのです。

社員はみんなダイヤの原石　磨き続ける覚悟が必要

私も人財教育に真剣に取り組むことで、人が育つための環境づくりや関わり方について多くのことを学んできました。その成果が少しずつ表れてきて、笑顔の多い元気な会社へと発展してきています。最初は頼りなかった社員が一人前になっていくのを見るのは経営者としてうれしいものです。

しかし同じように教えても、反応の良い者となかなか芽が出ない者の差はどうしても出てきます。成長が遅いともどかしくなりますが、教え導くことを諦めたらそれ以上は伸びていけません。

正直にいうと、研修をする私もエネルギーが必要で大変だなと思うことがあります。私の会社では今、事業拡大で人手が必要だったり育休産休の社員がいたりで常に採用をしている関係で、毎月新しい社員が入ってきます。そのたびに5日間の研修をすることになるのです。新入社員がたった1人の月でも、マンツーマンで同じ内容、同じ熱量の研修をします。録画しておいて動画を見せるという方法もありますが、こちらの本気度が伝わらない気がして私はやっていません。

頑張っても研修の成果がなかなか出ないとき、私は自分の指導力に問題がないかを問いかけるようにしています。社員に自責を求めるなら経営者も自責しなくてはなりません。そうやって自責をしていくと自分の力不足が見えてきて、もっと教え方に工夫が必要だと気づかされます。

今いる社員はみんなダイヤモンドの原石です。原石の時点ですでに価値があるのですが、それを根気強く磨いていくことでさらに価値が高まり、会社の戦力になってくれます。とことん磨き続けていけるかどうかの覚悟が経営者には問われているのです。

たとえ育ちがゆっくりでも、採用したからには最後まで育てる責任が経営者にはあります。私も一人ひとりの社員をより大切にして、自立支援のプロとしての心とスキルを育てていきたいと思います。

［第5章］

介護事業と児童デイサービスの両輪で高齢者・発達障がい児が安心して暮らせる未来をつくる

福祉事業者としての喜びが倍増

私が福祉の道に入ってから20年以上が経ち、そのうちの大半を高齢者介護に携わってきました。介護は「キツイ、汚い、給料が安い」の３Ｋといわれますが、私はこの仕事が好きでプライドをもって携わっています。また２０２０年からは児童デイサービス事業も手掛けています。

福祉事業者の喜びはなんといっても地域の方々を元気にできることです。私は自分の仕事は応援団だと思っています。困っている人を励まし支えることで笑顔になる人が増えます。以前は笑顔にできる対象が高齢者のみでしたが今は児童にも対象が広がったことで、より多くの人を元気にすることができるようになりました。その結果、仕事の喜びややりがいは倍増しました。

今、介護事業のみを行っている事業者では、会社の経営が厳しくなっているところが増えていますが、事業ができなくなれば地域は支えを失い、立ち行かなくなってしまいます。福祉事業者には倒産や撤退はあってはいけないことだと私は思っています。そのために2本目の柱として児童デイサービスを始め、経営強化を図ってきました。

今経営で悩んでいる事業者にも早く2本目の柱を見つけてもらえたらと願わずにはいられません。必ずしも2本目の柱が児童デイサービスでなければならないわけではありませんが、介護事業の地盤を活かしてできる事業として理想的であることは間違いありません。

公費負担だからこそ志をもって

ただ一つ懸念しているのは、業界の将来性に目を付けた心ない事業者によって、この業界が荒らされはしないかということです。福祉の経験や知識が乏しい事業者による参入や営利目的での参入が増えると、利用者に不利益をもたらすだけでなく、「児童デイサービス事業に参入している企業は福祉を食い物にしている」と業界そのものが白い眼で見られかねません。

私が10年前に息子の通所先を探していたときに比べて、札幌市内にも児童デイサービス事業所が増えました。市の資料によれば2018年から2020年の3年間で児童発達支援は346事業所から431事業所へと85カ所増加、放課後等デイサービスは408から509へと101カ所増加しています。

市では2018年に「さっぽろ障がい者プラン2018」を策定し、6カ年計画で障がい者が地域で自立した生活を送るための福祉サービス等の提供体制の確保を図ってきました。また6カ年の折り返し地点となる2021年4月には新たな成果目標としてサービスの質の向上のための取り組みを始めています。

このことは、これまでの「事業所の数を充実させる」という段階から、「サービスの質の担保」という次の段階に駒が進んだということを示しています。それだけサービスの質の低い事業者がいるのです。

まるで「今、児童デイサービスを始めると得ですよ。公費負担なので報酬の取りっぱぐれがなく儲かるビジネスです」「利用者が急増しているので箱さえ作れば中身は勝手に入ってきます」と言わんばかりのダイレクトメールやFAXが今まさに世間では流れています。私のところにもそういう営業電話が掛かってくることがありますが、いつもうんざりさせられます。

このようなサービスの質の低下は札幌市だけに起こっている問題ではありません。単なる預かり保育や習いごと教室のような事業所がたくさんあり、不正請求や児童虐待などの問題を起こす事業者も出てきています。今後は行政による取り締まりも厳しくはなっていくでしょうが、事業者自身がコンプライアンスや運営基準を守っていくことが必要です。

児童デイサービスは利用料の多くが公費負担で、しかも上限を超えた分は全額が公費負担です。この事業にどれだけの財源が割かれているのかというと、２０１９年度の障がい児サービス費は総額４６９２億円にも上ります（厚生労働省「障害児通所支援の現状等について」）。そのうち1割が利用者負担だとしても（実際には上限額や非課税世帯がある）４２００億円余りが税金から事業者に支払われている計算になります。国民の血税を使わせてもらっていると考えれば無駄遣いなどできるはずはなく、大切に使っていかなければなりません。

施設を利用したいと考える消費者の側にはさまざまなニーズがあり、なかにはただ子どもを安く預かってくれさえすればいいという人がいるのは事実です。しかし、そのせいで支援を必要としている子どもが機会を奪われるようなことがあってはなりません。

これから児童デイサービスを始める事業者には福祉事業者としての志や哲学をもって、みんなでともに高め合っていけたらと願っています。

自分の子どもを預けたいと思えるか

自分の息子が発達障がい児だったことで、私は必然的に児童デイサービスへの興味関心をもつことになりました。私たち夫婦にとって初めての子どもだったので子育ても試行錯誤でしたが、彼が2歳になる頃、言葉の発達が遅いことやよく癇癪を起こすことが気になりました。定型発達児であればその年頃には発語もあり、ちょっとした会話も成り立つようになってきます。一人でできることも増えて、自分でスプーンやフォークを使ってごはんを食べたり、靴を履いたりすることもできるようになります。聞き分けもできてきて、親が「みんないるから静かにしようね」と言えば着席したり声のボリュームを絞ったりできます。しかし息子は違いました。レストランに連れて行っても泣き叫んだり動き回ったりでじっとしていることができず、外食を諦めたことが何度もあります。周りのほかの子と比べて「かなり育てにくい子なのではないか」「発達に遅れがあるのでは」と感じていたところ、幼児検診をきっかけに発達障がいの診断を受けました。今から10年くらい前、2010年頃のことです。

私と妻は息子に専門的支援を受けさせるため札幌市内の児童デイサービスを見学に行きましたが、当時はわが子を預けたいと思える事業所には出合えませんでした。施設の状態や働く人たちの様子を見て、事業所の理念やスタッフの情熱を感じることができなかったのです。酷いところになると保育士の罵声が聞こえたり、壁に穴が開いたままだったり、洗面台に虫が湧いていたりなどゾッとするような有様でした。

子どもたちにとって、時間は大人以上に大事なものです。成長過程でたくさんのことを経験し学ばなければならないのに、その大事な時間を無駄に過ごさせていいわけがありません。

すべてが悪意ある事業者ではなく、真面目に取り組んでいるけれども理論や経験がないためにそういうサービスになってしまっているケースも多くあるとは思うのですが、福祉やケアとはほど遠い実態を目の当たりにして、私は強い危機感を覚えました。息子のためにもほかの発達障がいの子どもたちのためにも、私がまともな児童デイサービス事業所をつくろうと決意したのです。

わが子を安心して預けられる療育施設を追求してきた結果、地域の保護者から支持される児童デイサービスができたと自負しています。

スタッフが「この会社で良かった」と思えるか

私のもう一つの開業理由として「福祉従事者を幸せにしたい」という思いがありました。そのように思うようになったきっかけは母です。

私は福祉の仕事をする母を間近に見て育ちました。夜中でもしばしば電話が掛かってきて、そのたびに母は飛んで行きました。あるとき母がいつもどおり朝に利用者の自宅に行くと、布団の中で亡くなっていたこともあったそうです。電話さえできれば助けてあげられたのにと落涙する母を見て、福祉とは人命や人生に関わるかけがえのない仕事であると尊敬していました。

しかし私自身は福祉の道を選ばず、大学卒業後は東京に出てそのまま大手IT企業に営業職として就職しました。1990年代半ば当時、ITといえば時代の先端を行く華々しい業界でした。母からは会社を手伝ってほしいと言われていましたが、その頃はまだ福祉を自分の仕事だとは思えませんでした。私は東京での生活が楽しく、仕事も努力すれば成果がついてきたので充実感を覚えていたのです。手前味噌ですが、会社からは将来を期待される若手エースの一人だったと思います。

その一方で実家のことは気になっていました。母がビジネスに疎いことは息子としてよく分かっていたので、そのうち経営が厳しくなるのではないか、そうなれば社員や利用者に迷惑が掛かると思ったのです。それに両親はいずれ高齢となり現役を引退するときが来ます。設備投資をするにも金融機関は後継者がいないとなかなか融資はしてくれません。地域のためにも実家の会社を潰す選択肢はありませんでした。

長男としていずれ会社を継ぐことになるのなら早いほうがいい。そう考えて私はＩＴ企業に勤めながら両親の会社を継ぐ準備として、経営や社会福祉士の勉強を始めたのです。

社会福祉士の実習は今でも鮮明に覚えています。介護施設に行ってある男性利用者のお世話をしたのですが、その人から「ありがとう」と笑顔で言ってもらえたとき、大げさではなく電撃が走るような感動を覚えました。それまで大きな商談をまとめたときや成績トップになったときなどで高揚感は幾度も味わってきましたが、それとはまったく違いました。もっと心の奥深くから感動がマグマのように沸き上がってきて、人の役に立つことの喜びをリアルに体感したのです。そのとき母がなぜあんなに献身的に働けるのかを理解し、強い共感を覚えました。

私はこのとき、福祉の道に人生を捧げる決心を固めました。ＩＴ会社を退職したあとは東京の介護施設でしばらく実務経験を積み、２００1年、29歳のときに実家に戻りました。そして２００7年に事業承継をして名実ともに現会社の経営者に就任したのです。

年収はＩＴ企業時代の半分くらいになりましたが、後悔はいっさいありませんでした。むしろ今の仕事を選んで良かったと思いました。人間的にも成長できて、社員や利用者を元気にすることができるすばらしい仕事だと今も思っています。

私自身は年収が下がっても構いませんが、社員にはもっと好待遇を用意してあげたいと思いました。母のように頑張る人が、その仕事に見合う正当な報酬を受けられる会社や世の中にしたいと強く思ったのです。ちなみに母は今も元気でケアマネージャーとして活躍しています。

介護職の年収は他業種に比べて低く、ケアマネージャーや施設長になっても平均年収が500万円にも届きません。

介護業界には清貧を善しとする価値観がいまだに根強く、介護従事者自身もそれに染まっていますし、業界の外側からも清貧であることを求められがちです。もちろん過度な富の追求は論外ですが、提供した労働力に見合う対価を受け取ることは当然の権利ではないでしょうか。単純に比べることはできませんが、看護師が新卒でも年収400万円もあると聞くこともあり、介護の仕事は労働力と報酬のバランスが悪過ぎて悲しくなってきます。

福祉の仕事は人の役に立つことで得られる「やりがい」という大きな報酬がありますが、それだけでは生活ができません。やりがいだけで生きていけるなら、もっと多くの人が福祉をやっているはずです。しかし実際には福祉の仕事だけでは食べていけない、家族を養っていけない、キャリアアップにも限界があるというので辞めていく人があとを絶ちません。単なる離職率ではなく、福祉の仕事そのものからリタイアしてしまう業界離職率が上がっていることに私は危機感を覚えます。

社員一人ひとりのキャリアプランやライフスタイルに合った「やりがい＋収入」の両立があってこそ社員は内発的にも外発的にも動機づけられ質の高いサービスが提供でき、介護の仕事を長く続けていけるのです。

私は自社に入ってきてくれた社員全員に「この会社で良かった」と言ってもらえることを目標として、これまで経営をやってきました。まだ道半ばではありますが、それなりの成果は出てきていると感じています。社員の離職率が低く、新卒生が数ある会社のなかから私の運営する事業所を志望してくれるくらいリクルートが好調なことがその証です。また人が辞めずに長く働いてくれることで、「人財」（会社の宝となる人財）や組織が育ちノウハウが蓄積されて、企業力が上がっています。

これからも社員に「この会社で良かった」「この会社に入りたい」と言ってもらえるように、余念なく経営の質を高めていきます。

収益を第一に考えてはいけない

経営をしていくうえでは利益は大切ですが、どんな仕事も利益が第一に来ると、顧客視点が欠けたり、社員を駒扱いしたりといった不的確な事業経営になってしまいます。食品の産地偽装や過労死、法人税脱税なども利益優先の企業によって生まれる問題です。特に福祉の仕事は目の前にいる人を支え応援することなのですから、ユーザー置き去りや社員使い捨てであっては絶対にいけません。

目の色を変えて利益を追わなくても、正しい仕事を正しく行っていれば社員は育ち、利用者は増えて、運営上必要な利益を出すことはできるはずです。贅沢はできないかもしれませんが、会社を安全に続けていくのに十分な利益は維持していけるのです。

実際、私がやってきた児童デイサービスや介護事業は法令を遵守し堅実な運営をして、毎年利益を計上し創業20年以上経っても成長を続けています。むしろ今がいちばんパワーがあります。

私が経営者としてやってきたことは、第一に社員を物心ともに豊かにすることです。社員が幸せであれば仕事に前向きになれ、人にも優しくなれます。心に余裕がある者は目の前の利用者に何をしてあげられるか、どうすればその人のためになるかを考えて行動することができます。その結果としてサービスの質は自ずと高まっていくのです。

また、心のこもったホスピタリティーを提供し続ければたくさんの利用者が満足し、それが口コミとなって広がっていきます。ウェブマーケティングが発達した現代でも口コミに勝る効果的な宣伝はありません。利用者が絶えなければ会社は利益を受け取ることができます。

「正しいことを正しく行う」というのは人として当たり前のことですが、その姿勢を貫くことが結果的に事業を安定させ成長させるのです。

児童デイサービスは「日本の宝」を育てる仕事

発達障がいに限らず、心身に障がいをもつ子どもたちは福祉支援を受ける場面が多いです。それが決してネガティブなことではない社会を私は目指しています。

人は誰しも支え、支えられて社会を構成しています。人間はその存在そのものが尊いものなのですが、悲しくも現代は生産性という指標で人間の価値が測られる傾向があります。

稼げる人が偉く、そうでない人は価値が低いとされる世界では、福祉サービスを受けている方々は、社会の重荷という見方になってしまうのでしょう。
私は社会のそのような考えを払拭すべくこの仕事をしています。

確かに障がいをもつ方たちは、独り立ちして経済的に自立したり、人の役に立つ仕事をしたりすることが難しいケースが多いです。でもそれの何がよくないことなのでしょう。繰り返しになりますが、人は誰しも支え、支えられて社会を営んでいるのです。

発達障がいをもつ子どもたちも、支援を受けながら生活スキルや社会性を伸ばしていくことが可能であり、将来的に自立していける子も潜在的に多くいるのです。今後は児童デイサービスの事業所がどの地域にも行き渡り、サービスの質も向上して、違和感なく支援が受けられる時代になっていきます。希望も込めて私はそう思っています。そのような日本社会になれば、発達障がいをもつ子どもたちも福祉の支援を受けながら、ともに社会をつくっていけると信じています。

その子たちが働いて世の中に貢献し、収入を得て納税することができたら、なお、社会は良くなっていくはずです。海外では当たり前の考え方です。お荷物どころか少子高齢化で現役世代が減っていく日本においては「宝」です。

私は今行っている児童デイサービス事業によって「日本の宝」を育てていると自負しています。彼らの人生の一部に関わることで、その人生を自由で彩り豊かにすることができるのです。

高齢化にもいよいよ拍車が掛かり、日本は今までに経験したことのない超高齢社会に突入しています。内閣府の「平成30年版高齢社会白書」によると、2065年には65歳以上の高齢者1人に対して現役世代は1・3人となると予想されています。介護事業所の重要性がますます高まるなか、介護事業と児童デイサービスの両輪でこの国の未来に貢献できることは、私のいちばんの誇りです。

これからも介護事業を行いながら子どもたち一人ひとりを大切に育てて、力を引き出し、良いところを伸ばしてあげたいと思っています。そして一人でも多くの子どもが社会に参画し、自分らしく生きていってくれたら本望です。

おわりに

私が現在、取り組んでいることの一つに児童デイサービスの開業支援があります。私の考えに共感してくれる事業者を募ってパートナー企業に登録してもらい、私がもっているノウハウを伝えて成功へと導いていく取り組みです。私が失敗や遠回りをしてきた時間と費用をスキップできれば最短コースで事業所運営をしていけます。

フランチャイズ展開というと、開業までのサポートはしてくれるものの開業後はロイヤリティーを支払うだけで支援らしい支援がないという話も聞きます。私からすればこれは問題だと思っていて、開業後こそ手厚いサポートが必要です。いうまでもなく、開業してからが事業の本番だからです。

日々の業務がスムーズに行えているか、サービスの質は十分か、利益は出せているかなどを本部がきちんと管理し、できていないところがあればアドバイスをして改善していくことが重要です。

そこで今、児童デイサービス向け運営支援システムの開発を進めています。インターネットを通じて各事業所のパソコン、スマホから日々の運営記録や児童の支援計画などを記録するクラウドシステムで、経営者・管理者・スタッフ間の情報共有がスマート化されます。

これまで手作業で紙媒体に記録していた業務がパソコンで入力・共有できるので業務の時短になるだけでなく、システム上で連携していれば離れた場所にいる人や事業所とも瞬時に共有できるので非常に便利です。保護者との連絡ノートもこのシステムを介すればスマホに届けることができます。

私は介護事業所を7カ所、児童デイサービスを2カ所経営しているので、こういう仕組みが欲しいとずっと構想していました。今後パートナー企業が増えていったときも、このシステムはさらに威力を発揮します。記録された運営記録を基に本部が内容をチェックし、パートナー企業に対して経営的なアドバイスやフォローアップ、必要に応じて研修などをオンライン上でリアルタイムに行うことが可能になるからです。

開発なかばのためリリースは未定ですが、国の助成金の対象に認められたこともあり、ここから一気に進めていきたいと思っています。そして私が培ってきたノウハウや知識を一人でも多くの事業者に伝え、業界全体の質向上をしていけたらと考えています。

田中 卓

田中 卓（たなか すぐる）

北海道留萌市出身、1977年生まれ。大学卒業後、東京のIT関連企業にて大手ウェブサイトのシステム開発関連事業、人財教育コンテンツ関連事業にて、ビジネス全般の基礎的な経験を積む。家業である介護福祉事業の後継者として2007年（29歳）より現職。当初、留萌市で訪問介護事業のみを行っていたが、札幌へ進出し、有料老人ホーム、児童発達支援・児童デイサービスなどへ事業を拡大するなか、社員数は100人を超えている。

本書についての
ご意見・ご感想はコチラ

社会貢献と安定収益を両立する
介護事業者のための児童デイサービスの始め方

二〇二三年二月一七日　第一刷発行

著　者　田中 卓
発行人　久保田貴幸
発行元　株式会社 幻冬舎メディアコンサルティング
〒一五一-〇〇五一　東京都渋谷区千駄ヶ谷四-九-七
電話　〇三-五四一一-六四四〇（編集）
発売元　株式会社 幻冬舎
〒一五一-〇〇五一　東京都渋谷区千駄ヶ谷四-九-七
電話　〇三-五四一一-六二二二（営業）
印刷・製本　中央精版印刷株式会社
装　丁　弓田和則

検印廃止

Printed in Japan　ISBN 978-4-344-94152-6 C0034
幻冬舎メディアコンサルティングHP　https://www.gentosha-mc.com/